Irmgard Siede

AUF DEN SPUREN DER PÄPSTE IN DEUTSCHLAND

Irmgard Siede

AUF DEN SPUREN DER PÄPSTE IN DEUTSCHLAND

ANTIKE – MITTELALTER – RENAISSANCE

Abbildung auf der vorderen Umschlagseite:
linke Hälfte: Goldene Rose Andechs [Wolf-Christian von der Mülbe (†)];
Papst Clemens II. im Bamberger Dom © Bamberg, Diözesanmuseum Bamberg;
Trier Dom © Hohe Domkirche Trier, Foto: Rita Heyen
rechte Hälfte: Papst Bonifaz VIII. © Musei Vaticani, Governatorato dello Stato della Città del Vaticano, tutti i diritti riservati

Wir danken den Unterstützern und Förderern des Gesamtprojektes.

Bibliografische Information der Deutschen Nationalbibliothek:
Die Deutsche Nationalbibliothek verzeichnet diese Publikation in der Deutschen Nationalbibliografie; detaillierte bibliografische Daten sind im Internet über http://dnb.dnb.de abrufbar.

Publikation der Reiss-Engelhorn-Museen Nr. 79

1. Auflage 2017

Satz: typegerecht, Berlin
Umschlaggestaltung: Anna Braungart, Tübingen
Druck: www.schreckhase.de

ISBN 978-3-7954-3202-7

Weitere Informationen zum Verlagsprogramm erhalten Sie unter:
www.schnell-und-steiner.de

INHALT

VORWORT

»WARUM IN DIE FERNE SCHWEIFEN? SIEH, DAS GUTE LIEGT SO NAH«

In diesen Worten, die an Verse Goethes erinnern, klingt an, was an den Reiss-Engelhorn-Museen in Mannheim seit der Ausstellung »Die Staufer und Italien« 2010/11 praktiziert wird: kulturtouristische Netzwerke im Rahmen der kulturhistorischen Großausstellungen. Orte der näheren und weiteren Umgebung mit ihrem zum Ausstellungsprojekt thematisch passenden kulturellen Erbe sind eingeladen, dieses besonders zu präsentieren oder durch Begleitveranstaltungen und kulturelle Aktivitäten zu beleben. Auf diese Weise befruchten sich Orte und Ausstellungen wechselseitig. Eine Region wird neu erlebt und vielfältig belebt.

Seit der Staufer-Ausstellung werden dazu neben Broschüren, in denen sich die Partner des Netzwerkes mit ihren Aktivitäten vorstellen, auch reich bebilderte Führer erarbeitet, die den Besuchern ein ganz besonderer Reisebegleiter sind. Diese thematischen Reiseführer vermögen Orte und deren kulturelles Erbe zunächst als Ergänzung zu den jeweiligen Ausstellungen lebendig zu machen, zeigen dann aber Nachhaltigkeit. Denn sie erlauben über den Ausstellungszeitraum hinaus spannende Themenreisen.

Das vorliegende Buch entstand im Kontext der Großausstellung »Die Päpste und die Einheit der lateinischen Welt. Antike – Mittelalter – Renaissance« (21. Mai 2017 – 31. Oktober 2017, Mannheim Reiss-Engelhorn-Museen). In diesem Zeitraum ergänzen sich Ausstellung und Führer kongenial. Da das Reisebuch sich aber ebenso als Begleiter über die Ausstellung hinaus versteht, sind vereinzelt Objekte, die im Führer beschrieben sind, erst nach der Laufzeit der Ausstellung wieder an ihrem Ursprungsort zu besichtigen.

Päpste waren reiselustig. Gab man doch daher Papst Leo IX. (1049–1054) den Beinamen ›Reisepapst‹. Im Südwesten Deutschlands mit der Rheinachse sind die päpstlichen Spuren besonders dicht. Warum also in die Ferne schweifen?

Viel Freude bei der päpstlichen Spurensuche!

Prof. Dr. Alfried Wieczorek

Generaldirektor
Reiss-Engelhorn-Museen Mannheim

EINE PÄPSTLICHE SPURENSUCHE IN DEUTSCHLAND

Als **Papst BENEDIKT XVI. (2005–2013)** nach Deutschland kam und in Regensburg 2006 auf dem Islinger Feld eine Messe feierte, wurde an diesem Ort eigens ein Kreuz errichtet. Dies sollte fortan an den Papstbesuch im Jahr 2006 erinnern und hat einen hohen symbolischen Wert: Als die Stadtväter den Bau eines großen Stadions auf dem Islinger Feld beschlossen, wurde das Kreuz wenige Schritte vom Ort der Messefeier entfernt aufgestellt und soll nun hier an den Papstbesuch, den Heiligen Vater und den Ort der heiligen Messe erinnern.

In anderen Fällen wird das Gedächtnis an einen Papstbesuch durch dessen bildliche Darstellung gewahrt: Als **Papst PIUS X. (1903–1914)** 1913 Altötting zur päpstlichen Basilika erhoben hatte, gab man ein neues Hochaltargemälde in Auftrag: Um 1913 wurde der Papst auf dem Altarblatt dargestellt. 1907 hatte er der Wallfahrtskirche bereits ein Ziborium geschenkt. Solch einer Erhebung gingen wie auch in anderen Fällen weitere Papstbesuche und -ehrbezeugungen voran. Als **Papst PIUS VI. (1775–1799)** 1782 zu Kaiser Joseph II. nach Wien gereist war, führte sein Rückweg nach Rom auf Einladung von Kurfürst Carl Theodor entlang der alten Poststraße über Altötting, München und Augsburg (-> Augsburg). In Altötting schlief der Papst im Propsteigebäude neben der Stiftskirche. Geschenke und Erhebungen konnten ein enges Verhältnis zu Päpsten bewirken. **Papst PIUS IX. (1846–1878)** hatte für das Oktogon der Wallfahrtskirche Altötting 1854 eine mit Edelsteinen verzierte Ampel und 1868 einen Kelch gestiftet. **Papst PIUS XII. (1939–1958)** hatte noch als Nuntius Altötting verschiedentlich besucht, stiftete 1957 einen Messkelch an die Heilige Kapelle und hatte sich als Papst eine Klosterschwester aus Altötting als Haushälterin besorgt. Auch die **Päpste JOHANNES PAUL II. (1978–2005)** und **BENEDIKT**

Regensburg, Papstkreuz

XVI. (2005–2013) statteten Altötting 1980 bzw. 2006 einen Besuch ab. Nach Benedikt XVI. wurde das Wallfahrtsmuseum benannt. Diese Beispiele zeigen, dass Papstbesuche die Stiftung liturgischer Kunst zur Folge haben können, manchmal wird an den Heiligen Vater als Gast auch durch ein Bildnis des Papstes im Sakralraum erinnert. In anderen Fällen verleihen Päpste durch die Stiftung eines liturgischen Ausstattungsstücks für einen Sakralraum ihrer Verbundenheit mit einem Ort Ausdruck. Damit wird der Besuch eines Heiligen Vaters auch im liturgischen Gedenken präsent gehalten. Untergebracht wird das kirchliche Oberhaupt im Gästetrakt der Institution.

In früheren Jahrhunderten war es kaum anders: Als der Medici-**Papst LEO X. (1513–1521)** 1515 nach Florenz kam, wurden entlang seines Weges in die Stadt ephemere Architekturen, ein Triumphbogen, Statuen und in den Kirchen eine entsprechende kostbare liturgische Ausstattung angebracht. Manches

Sächsische Schweiz, Papststein bei Gohrisch

davon blieb erhalten, so an der Porta al Prato eine Inschrift. Sie sollte die Nachwelt an den Papstbesuch erinnern. Auch an der Fassade von San Lorenzo war eigens bei einer Statue des Kirchenpatrons eine Inschrift angebracht, die auf den Besuch des Kirchenoberhaupts verweist; die Holztafel wird aus konservatorischen Gründen in der Biblioteca Medicea Laurenziana verwahrt. Die Gemächer des Palazzo Vecchio, die Leo X. aufsuchte, erhielten Fresken und sind bis heute nach dem Papst benannt. Die Sala del papa in S. Maria Novella wurde mit kostbarsten Textilien versehen. Sogar ein Teil der Majoliken, die eigens für diesen Besuch angefertigt wurden und mit Darstellungen des Papstes versehen worden waren, z. B. ein Krug und ein Teller, haben sich erhalten. Ein Teller zeigt den Einzug des Papstes auf der Sedia gestatoria. Die immensen Aufwendungen für den feierlichen Einzug des Medici-Papstes in seiner Heimatstadt sind durch eine Archivalie im Staatsarchiv Florenz genau bekannt.

Allerdings ist nicht immer der Umkehrschluss möglich. Der Ort Papstdorf in der sächsischen Schweiz und der Papststein bei Gohrisch, ein Tafelberg mit 451 m Höhe, heißen nicht etwa so, weil hier Päpste zu Besuch waren, sondern gehen auf eine Verballhornung des Ortsnamens in früherer Zeit zurück.

Ausgehend von diesen Beobachtungen zur Neuzeit seien im Folgenden für den Zeitraum von der Spätantike bis zur Renaissance einige Bemerkungen zu Reisen von Päpsten nach bzw. in Deutschland, zu papstgeschichtlichen Ereignissen in Deutschland – Papstbestimmungen und Päpsten aus Deutschland –, zu Papstgrablegen in Deutschland, Papstreliquien und Papstgeschenken sowie programmatischen Papstdarstellungen gemacht, um so die für diesen Führer ausgewählten Orte in ihr historisches Umfeld einbinden zu können.

PAPSTREISEN

Für die spätantike Zeit lässt sich nördlich der Alpen kein Papstaufenthalt belegen. Der erste Papst, der überhaupt über die Alpen reiste, war **Papst STEPHAN II. (752–757)**, der sich im Jahr 754 an König Pippin wandte und um militärische Hilfe gegen die Langobarden bat. Auf schwierigen Wegen kam er in die Nähe der Königspfalz Ponthion, wo ihn Pippins Sohn Karl, der spätere Karl der Große, Anfang Januar 754 kaiserähnlich empfing. Deutsches Gebiet betrat erstmals 799 ein Papst. **LEO III. (795–816)** sollte nach seiner Wahl von seinen Gegnern amtsunfähig gemacht werden. Sie drohten ihn am Markustag 799 zu verstümmeln. Er suchte Hilfe bei Karl dem Großen in Paderborn. Welche Route über die Alpen und durch Deutschland er einschlug, vermutlich zu großen Teilen hoch zu Ross, ist nur in Teilen entlang der Lippe rekonstruierbar. Doch wollen sich einzelne Orte bis heute an den Papstbesuch erinnern (-> Obermarsberg, Paderborn). Anschaulich berichtet das Karlsepos kurz nach 800 von der Herrscherbegegnung: »Nun kommt Papst Leo heran und tritt in den äußeren Kreis. Staunend sieht er die Völker, verschieden an Tracht und

Sprache, Gewandung und Waffen aus verschiedenen Teilen der Erde. Karl erweist ihm sogleich die Ehre des Fußfalls, umarmt den Hohepriester und tauscht mit ihm den Kuss des Friedens. Sie reichen einander die Rechte und schreiten nebeneinander und wechseln gar freundliche Worte. Vor dem höchsten Priester wirft sich das ganze Heer dreimal zu Boden, dreimal erweist ihm die Menge demütig die Ehre des Fußfalls.« Dann zog man gemeinsam in die Stadt, feierte einen Gottesdienst und speiste in der Pfalz. Dies Ereignis hatte größte historische Bedeutung. Vermutlich traf Karl der Große anlässlich des Papstbesuches Abmachungen für seine Kaiserkrönung in Rom. Bei dieser Gelegenheit versprach Karl dem Papsttum Schutz in Rom und im byzantinischen Mittelitalien.

Die Itinerare von Papst und Kaiser lassen sich nur lückenhaft rekonstruieren. Orte der Begegnungen waren sicher oft Bischofskirchen, Bischofs- und Königspfalzen. Im Jahr 804/05 kam Papst Leo III. nach Reims und anschließend nach Aachen (-> Aachen). Dies Ereignis wurde wohl später mit der Weihe der Pfalzkirche verbunden.

Im Juni 833 trafen **Papst GREGOR IV. (827–844)** und Ludwig der Fromme auf dem Rotfeld, auch »Lügenfeld« genannt, bei Colmar am Oberrhein zusammen. Diesmal reiste der Papst über die Alpen, um einen Streit zu schlichten: Es ging um die Nachfolge Kaiser Ludwigs des Frommen. Seine drei älteren Söhne hatten sich gegen ihren Vater erhoben und standen sich mit ihren Heeren viele Tage auf dem »Lügenfeld« gegenüber, ohne dass es zu einer Entscheidung durch eine Schlacht kam. Der Papst versuchte zu vermitteln und führte aus dem Heerlager des Kaisers heraus Verhandlungen mit den Söhnen, die sich schließlich das Reich teilten. Das Elsass fiel mit dem übrigen Deutschland an Ludwig II., der den Beinamen »der Deutsche« bekam.

Fast hätte Worms **Papst HADRIAN III. (884–885)** bei einem Reichstag begrüßen können. Der Besuch in Worms wurde aber durch Hadrians überraschenden Tod in Spilamberto bei Modena vereitelt, was zur Folge hatte, dass der Papst in Nonantola begraben wurde.

Der **Gegenpapst GREGOR VI. (1012-?)** suchte an Weihnachten 1012 in vollem Ornat Heinrich II. in der Pfalz zu Pöhlde im Harz auf. Er erhoffte sich von diesem Besuch Anerkennung durch den Herrscher, der allerdings bereits zu Benedikt Kontakte geknüpft hatte und daher dem Gegenpapst ausweichende Antworten gab.

Der nächste kirchliche Oberhirte, der als Papst nach Deutschland kam, war **Papst BENEDIKT VIII. (1012–1024)**. Bei ihm ist davon auszugehen, dass er 1020 über den Brenner, dann über Scharnitz und Augsburg anreiste, da er Kaiser Heinrich II. in Bamberg aufsuchte (-> Bamberg). Er wollte Heinrich II. zur Waffenhilfe gegen die Byzantiner in Süditalien gewinnen und erwies dabei dem 1007 gegründeten Bistum seine Reverenz. Er war es, der Heinrich II. und seine Gemahlin Kunigunde am 14. Februar 1014 in Rom zu Kaiser und Kaiserin gekrönt hatte. Der Dom, die Pfalz, die Thomaskapelle und St. Stephan in Bamberg waren Stationen des Papstes. Im Zuge dieser Reise kam der Papst 1020 auch nach Fulda (-> Fulda).

Papst GREGOR VI. (1045–1046) war auf unfreiwillige Art nach Köln gelangt, wo er 1047 verstarb. Er hatte sich sein Amt erkauft. Da sowohl Benedikt IX. als auch Gregor VI. sich für rechtmäßige Päpste hielten und zugleich noch ein dritter Papst erhoben worden war, hatte Heinrich III. in Sutri eine Synode einberufen, die alle drei Päpste für ungültig erklärte. Begleitet vom Mönch Hildebrand, dem späteren Papst Gregor VII., wurde Gregor VI. nach Köln in die Verbannung geschickt, wo er aber offenbar gut behandelt wurde (-> Köln).

Der Papst, der die meisten Orte Deutschlands aufsuchte, war **Papst LEO IX. (1049–1054)** (-> Eguisheim). Im Gedächtnis der Historiker ist er vor allem durch seine Reformen verankert. Darüber hinaus wird er gern als Reisepapst bezeichnet, da viele Orte vor allem entlang des Rheins und im Südwesten Deutschlands für sich verbuchen können, dass er hier zu Besuch war oder/und eine Altarweihe vornahm: 1049 besuchte er Aachen, Köln und Mainz sowie Hirsau, 1051 Trier und Augsburg und 1052/53 nochmals Mainz, Worms mit einem Abstecher nach Lorsch und

Augsburg (-> Andechs, Augsburg, Bamberg, Köln, Lorsch, Mainz, Trier, Worms).

Vermutlich steigerten Weihen durch Päpste die Bedeutung einer Kirche, daher nahm der lokale Klerus solch eine Gelegenheit immer wahr, wenn sie sich bot. Leo sah sich aber auch als Papst aller Christen und konnte seine Reformideen durch persönliche Präsenz vor Ort leichter und schneller durchsetzen.

Der von Heinrich III. favorisierte Eichstätter Bischof Gebhard reiste als **Papst VIKTOR II. (1055–1057)** 1056/57 nach Goslar, Speyer, Aachen und Regensburg (-> Speyer).

Fast 100 Jahre nach Leos Reise kam **Papst EUGEN III. (1145–1153)** von November 1147 bis Februar 1148 nach Trier und weihte hier St. Matthias und St. Paulin. Der Papst kam aus Paris, wo er sich um eine Festigung seiner Stellung beim französischen Königtum bemüht hatte (-> Trier).

Danach lässt sich erst im Zuge des Konstanzer Konzils wieder eine Papstreise nach Deutschland benennen. **Papst JOHANNES XXIII. (1410–1415)** kam 1414 über den Reschenpass und Arlberg nach Konstanz zur Eröffnung des Konstanzer Konzils (-> Konstanz). Wie beschwerlich die Reise über den Arlberg bei Schneefall war, wurde in der Richentalchronik dargestellt: Eine Miniatur zeigt einen im Schnee umgekippten Planwagen mit dem Papst. Durch das Konzil seines Amtes enthoben reiste Johannes dann den Rhein hinauf nach Heidelberg und Mannheim (-> Heidelberg, Mannheim).

PAPSTBESTIMMUNGEN IN DEUTSCHLAND

Wie im Grunde bis heute war eine Papsterhebung seit jeher ein längerer Prozess. Zunächst wählte eine Synode oder ein Konklave einen Kandidaten als Papst, dann wurde er zum Papst gekrönt und inthronisiert. In Rom fand die erste Papstkrönung in der Lateransbasilika statt, die zweite in der Peterskirche. Im Dezember 1048 bestimmte Heinrich III. auf einer Wormser Versammlung den Reformideen aufgeschlossenen Bischof Bruno

Konstanz, Rosgartenmuseum, Richentalchronik, Druck von Anton Sorg: Papst Johannes XXIII. am Arlberg

von Toul zum Papst. Bruno versicherte daraufhin dem Herrscher, sein Amt nur antreten zu wollen, wenn er auch von den Römern einstimmig gewählt werde. Im Februar 1049 wurde er dann in Rom gewählt und nahm als **Papst** den Namen **LEO** an – gewiss unter Bezug auf Papst Leo I. Die erste Inthronisation des Papstes fand auf einem antiken Badesessel im Atrium der Lateransbasilika statt. Danach wurde er mit der Tiara in Alt-St. Peter gekrönt und ein zweites Mal inthronisiert. Eine nette Anekdote berichtet, dass ein ihm von einem König in Dalmatien geschenkter Papagei den Papst immer als ‚Papa Leo' ansprach und so zur Übernahme der höchsten Amtsautorität ermunterte. Leo hatte verschiedene Reformer nach Rom geholt, um so seine Ideen besser durchsetzen zu können: Zu ihnen gehörten Humbert von Moyenmoutier, der spätere Kardinalbischof von Silva Candida, Friedrich, der Sohn des Herzogs von Lothringen und

Das lx. blat

spätere Papst Stephan IX. und Hugo Candidus aus Remiremont in den Vogesen (-> Worms).

Konstanz, Rosgartenmuseum, Richentalchronik, Druck von Anton Sorg: Krönung von Papst Martin V.

Die Form eines Konklaves – im Begriff steckt das lateinische Wort für Schlüssel – bildete sich in den italienischen Kommunen während des 12. Jahrhunderts aus. Ein echtes päpstliches Konklave zur Abstimmung über den neuen Papst gab es erstmals 1241. In Anlehnung an das Apostelkolleg waren zwölf Kardinäle wahlberechtigt. Während des Konstanzer Konzils trat im November 1417 das Konklave an abgeschlossenem Ort im Kaufhaus zusammen. Aus ihm ging **Papst MARTIN V. (1417–1431)** als neues kirchliches Oberhaupt hervor. Ort der Papstkrönung war dann das Konstanzer Münster (-> Konstanz).

PÄPSTE AUS DEUTSCHLAND

Das Jahrhundert der Deutschen auf dem Stuhle Petri begann in der Zeit Ottos III., nach dessen Herrschaftskonzeption Papst und Kaiser von Rom aus gemeinsam die Welt regieren sollten. Er hatte sich Bruno von Kärnten, einen Verwandten, als Papst ausgesucht, der an einem Zentralort der Reichspolitik im Domkapitel in Worms seine Ausbildung erfahren hatte (-> Worms) und von Erzbischof Willigis von Mainz nach Rom geleitet wurde. Als **Papst GREGOR V. (996–999)** bestieg er die Cathedra Petri und trug mit zu der engen, auch liturgischen Verknüpfung von Liturgie aus Klöstern und Kirchen nördlich der Alpen, Herrscherliturgie und Papstkirche in Rom bei (-> Reichenau). Um die Mitte des 11. Jahrhunderts, vor allem auf Betreiben Heinrichs III., wurden in dichter Folge Deutsche zu Päpsten erhoben. Deren Pontifikate waren fast allesamt nur von kurzer Dauer: Zunächst hatte Heinrich im Dezember 1046 auf der Synode von Sutri sich gegen die drei amtierenden Päpste durchgesetzt und Bischof Suidger von Bamberg zum neuen Papst bestimmt. Suidger war 1005 in Hornburg in Niedersachsen geboren. Als **Papst CLEMENS II. (1046–1047)** bekleidete er das Amt des Oberhirten und blieb zugleich Bischof

Hornburg, Geburtshaus von Papst Clemens II., abgerissen 1970–1980

von Bamberg. An Weihnachten 1047 bestimmte Heinrich III. in der Pfalz Pöhlde, in der er einige Jahre zuvor den Gegenpapst Gregor VI. nicht als Papst anerkannt hatte, Bischof Poppo von Brixen zum Papst. Poppo stammt sicher aus Bayern und wohl aus Pildenau bei Ering in Niederbayern, zumindest erinnert eine Gedenktafel an der Kirche in Pildenau an ihn. Vom 17.Juli bis 9.August 1048 bekleidete er das Amt als **Papst DAMASUS II.** Wie schon Papst Clemens II. behielt Damasus sein Brixener Bistum während seines Pontifikats. Dann wurde von Heinrich III. Bischof Bruno von Toul in Worms zum Papst bestimmt und bestieg als **Papst LEO IX. (1049–1054)** (-> Eguisheim, Worms) die Cathedra Petri. Ihm waren immerhin vier Jahre vergönnt. Der nächste Papst deutscher Abstammung war Bischof Gebhard von Eichstätt, der aus einem alemannischen Adelshaus, das entfernt

mit den Saliern verwandt war, stammte. Er gehörte dem Regensburger Domkapitel an und machte einen rasanten Aufstieg, obwohl er nicht der Hofkapelle angehörte. Als Bischof von Eichstätt war er auf der Synode von Sutri dabei und auch bei der Papsterhebung Suidgers von Bamberg. Nachdem Gebhard zum Papst gewählt worden war, wurde er am 13.April 1055 als **Papst VIKTOR II. (1055–1057)** in Alt-St. Peter inthronisiert. Auch er war Reformideen aufgeschlossen und hatte ebenfalls sein Bistum beibehalten. Er hätte nach seinem Tod in Arezzo nach Eichstätt überführt und dort bestattet werden sollen. Doch brachten ihn Räuber nach Ravenna. 1945 wurde ihm im Eichstätter Dom ein von Johanna Fischl gestaltetes Epitaph errichtet, das von der Buchmalerei mit der Darstellung des Papstes im Codex Gundekarianum inspiriert ist, der im Diözesanarchiv in Eichstätt verwahrt wird.

PAPSTGRABMÄLER IN DEUTSCHLAND

Papst BENEDIKT V., der nur wenige Tage Papst war, vom 22. Mai bis zum 23. Juni 964, wurde von Otto I. auf der Lateransynode im Juni 964 abgesetzt und dem damals ebenfalls in Rom anwesenden Hamburger Bischof Adaldag in Obhut gegeben. Danach wurde er in die Verbannung geschickt und zum Diakon herabgestuft. So nahm ihn Adaldag nach Hamburg mit, wo er zwischen 4. Juli 965 und 966 verstarb. Zu Lebzeiten soll er prophezeit haben, dass Hamburg, solange er hier ruhe, von wilden Tieren zerfleischt und zerstört werde. Daher wurde sein Leichnam 998 im Auftrag Ottos III. von Bischof Razo von Worms nach Rom zurückgeleitet, wo er begraben wurde. In Hamburg wurde ihm ein Epitaph errichtet, das bis 1805 im Mariendom war und das figürlichen Schmuck bekam. Dies datiert allerdings deutlich nach dem Tod des Papstes: Die erhaltenen Reste in glasierter Terrakotta sind eine französische Arbeit des 13. Jahrhunderts. Vielleicht sollte durch das nachträgliche Papstepitaph das Bistum eine Aufwertung erhalten.

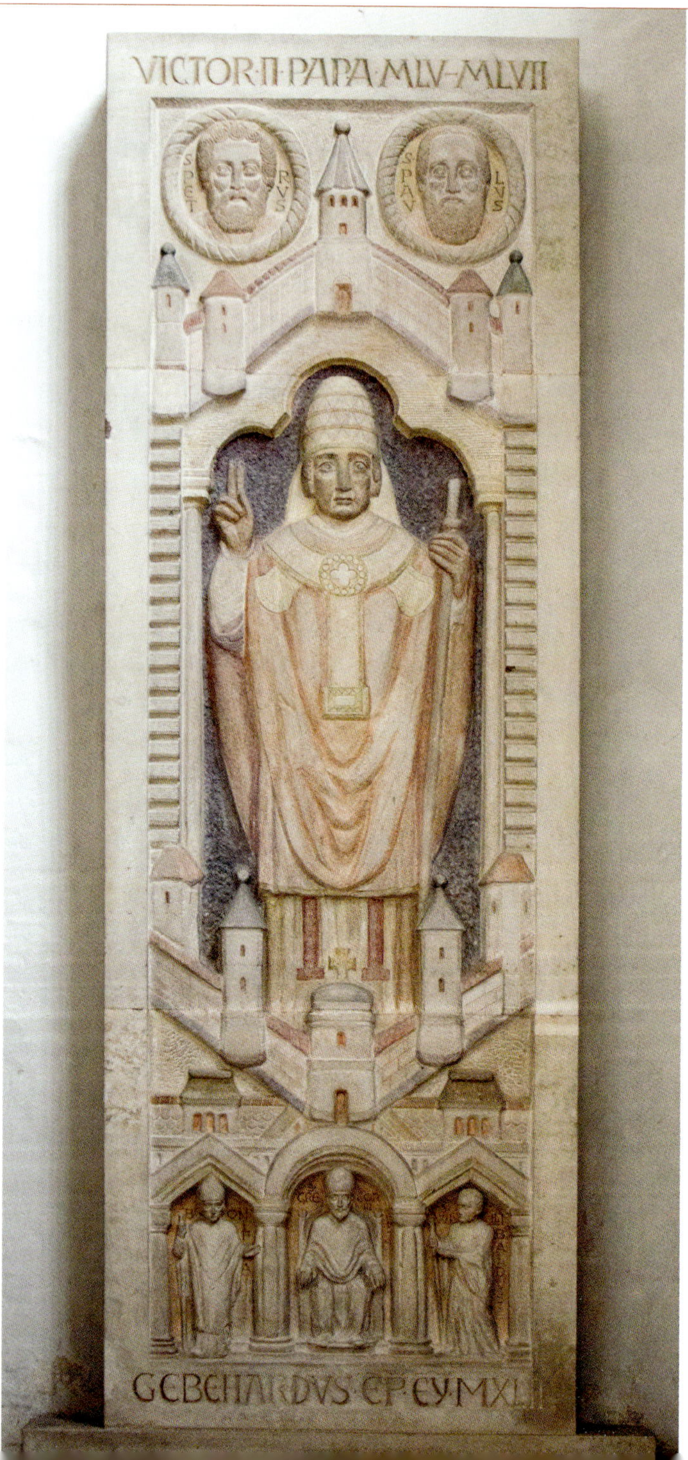
VICTOR·II·PAPA·MLV–MLVII
GEBEHARDVS·EP·EYMXL

Eichstätt, Dom, Epitaph für Papst Viktor II. von Johanna Fischl 1945

Für den in Italien verstorbenen **Papst CLEMENS II. (1046–1047)** hingegen wurde ein echtes Grab im Bamberger Dom errichtet (-> Bamberg). Wie dieses erste Grab aussah, lässt sich nicht sagen, da der Dom durch zwei Brände stark zerstört wurde, infolgedessen es zu baulichen Veränderungen kam. Es sollte aber am selben Ort gestanden haben wie das heutige, da dieser für die liturgische Memoria der vornehmste Platz ist. Offenbar wurde der Papst im vollen Ornat bestattet. Selbst wenn bei der letzten Öffnung des Grabes vielleicht auch aufgrund der vorangehenden Öffnungen das Ensemble aus liturgischen Gewändern gestört schien und selbst wenn aus textilkundlicher Sicht die Datierung einzelner Gewänder in Diskussion geraten ist, wäre anzunehmen, dass der Papst 1047 im vollen Ornat in den ursprünglichen Sarkophag gelegt wurde. Eine solche Bestattung ist gleichfalls von den erzbischöflichen Bestattungen des 11. Jahrhunderts bekannt. Aus dem Sarkophag von Clemens konnten neben seinen Haaren auch Palliumskreuze und weitere kostbare Textilien geborgen werden. Die Marmortumba, die im 13. Jahrhundert aufgestellt wurde und ein Tugendprogramm sowie den Papst auf dem Totenbett und hinter ihm einen Engel zeigt, steht vielleicht in Zusammenhang mit einer geplanten Heiligsprechung des Papstes.

PAPSTRELIQUIEN

Am wenigsten beachtet ist bislang das Thema der Papstreliquien in Deutschland. Bereits in karolingischer Zeit gelangten Reliquien heiliger Päpste nach Deutschland und verliehen dort Neugründungen besondere Bedeutung. So wurde die 814 von Ludwig dem Frommen und von Benedikt von Aniane gegründete Abtei Kornelimünster bei Aachen z. B. mit Reliquien von Papst Cornelius ausgestattet; Reliquien von Papst Alexander erhielt Bischof Hitto von Freising 834 von Papst Gregor IV. bei seiner Romwallfahrt und brachte sie nach Weihenstephan;

Aschaffenburg, Stiftsmuseum, Reliquiare von Petrus und Papst Alexander I.

das Haupt von Papst Fabian kam durch Hrabanus Maurus nach Fulda, Gebeine von Papst Urban kamen nach Erstein im Elsass. Kirchen- und Klostergründungen durch die Ausstattung mit Papstreliquien besonderes Ansehen zu verleihen, ist auch im 10. und 11. Jahrhundert eine gängige Praxis: So wurden nach Aschaffenburg Gebeine von Papst Alexander gebracht, nach Speyer das Haupt von Papst Stephan, nach Bamberg Knöchelchen von Papst Silvester. Es ist spannend zu sehen, wie die Reliquien es mit sich brachten, dass allmählich auch der hl. Papst, von dem die Gebeine stammen, dargestellt wurde. In der Stiftskirche Aschaffenburg etwa erhielt Papst Alexander auf dem Tympanon als Märtyrer mit der Palme eine Darstellung, wurde dann im 13. Jahrhundert auf der Hochaltartafel zu

Seiten Christi als stehende Figur gezeigt. Im frühen 15. Jahrhundert wurde ein redendes Reliquiar, eine Büste von Papst Alexander für die Schädelkalotte angefertigt. Büstenreliquiare für Päpste, deren Reliquien man besaß, wurden in Deutschland im Spätmittelalter noch häufiger angefertigt, so für Papst Silvester im Kölner Dom, für Papst Pius im Bamberger Dom, für Papst Cornelius in Kornelimünster. Für den hl. Petrus hatte man in Aschaffenburg im 15. Jahrhundert ebenfalls solch ein Büstenreliquiar angefertigt, selbst wenn man keine Reliquie dieses Papstes damals hatte. Papstreliquien beflügelten die christliche Ikonographie; so gab es bald Corneli-Hörner, Papst Urban wurde Patron der Winzer und Clemens wurde der Anker beigegeben.

Petrus stellt einen Sonderfall dar: Das Petruspatrozinium ist sicher das Patrozinium, das am weitesten verbreitet ist. Der hl. Petrus gehört nach Maria sicher zu den häufigsten Heiligendarstellungen nördlich der Alpen. Dennoch lassen sich Knochen von ihm nur in Osnabrück belegen. Sonst wurde er ohne das Vorhandensein der Primärreliquien verehrt. An manche Orte gelangten »Ersatzreliquien«. Im Frühmittelalter kamen

Vatikan, Petersdom, historische Aufnahme von Giorgio Sommer um 1860

an mehrere Stellen sogenannte Petrusschlüssel, die Pilger als Abzeichen in Rom erhalten hatten – in der Nähe von Worms wurde z. B. solch ein Schlüssel gefunden, der heute in Mainz verwahrt wird. Der Zugang zur Petrusmemorie wurde zunehmend durch Gitter abgesperrt. Nachbildungen des Schlüssels waren ein Hinweis auf das Attribut Petri und ein Beleg, dass man in Rom am Grabe Petri war (der berühmteste Petrus-Schlüssel ist sicher der aus dem Schatz von Sint Servaas in Maastricht). Sehr früh kam eine andere Reliquie nach Lothringen, ein spätantiker Stab, der als Amtsstab des hl. Petrus gilt (-> Trier, Limburg, Köln, Bamberg). Da die Legende berichtet, dass der hl. Petrus mit diesem Stab die ersten Bischöfe von Trier eingesetzt hatte, wird diese Reliquie kirchenpolitisch hochbedeutend. Die Stabhülle, die als Reliquiar den Stab umkleidet, wurde mit Medaillons von Päpsten verziert. Mehrere Kirchen können auf den Besitz von Gliedern aus Petri Kette, mit der er im mamertinischen Kerker angekettet war, verweisen (-> Aachen, Bamberg, Köln, Trier). Auch diese Reliquie hat zur Herstellung redender Reliquiare geführt. Nach Trier kamen auch Haare vom Bart Petri, die in das Andreastragaltarreliquiar gelegt wurden. Es ist interessant zu sehen, dass die Petrusikonographie eine gewisse Bandbreite aufweist. Auf die Spätantike geht sicher der Typus des sitzenden Petrus zurück, der auf die Lehrautorität des Papstes abhebt und nördlich der Alpen meist ein Buch als Attribut bekommt und ab der Zeit um 1300 meist auch mit Tiara und Pallium versehen ist. Ein zweiter Typus ist der stehende jugendliche Apostel mit dem Schlüsselattribut, wie er erstmals in der spätantiken Sarkophagkunst vorkommt. Selbstverständlich gab es vielfältige Durchmischungen dieser beiden Typen. Petrus konnte auch in einen szenischen Kontext gestellt sein, z. B. bei Szenen von Petri Fischfang oder Petrus im Kerker.

Konstanz, Rosgartenmuseum, Richentalchronik, Druck von Anton Sorg: Der Papst überreicht die goldene Rose

Päpste schenkten nicht nur Gebeine heiliger Amtsvorgänger an Kirchen nördlich der Alpen, sondern auch im weiteren Sinne liturgische Objekte. Solche Geschenke waren die Lamm-Gottes-Plaketten (-> Aachen) oder Goldenen Rosen (->

Andechs). Dass Goldene Rosen an ausgewählte Persönlichkeiten für besondere Verdienste verschenkt wurden, ist eine seit dem 11. Jahrhundert belegbare Praxis. Solche Gaben vermochten die Beschenkten enger an die Päpste zu binden. Umgekehrt bedeuteten Geschenke, Reliquien oder Papstbesuche auch eine Aufwertung der Orte.

PAPSTZYKLEN UND PROGRAMMATISCHE PAPSTDARSTELLUNGEN

Ähnlich wie der Bereich der Papstreliquien sind Zyklen und andere programmatische Papstdarstellungen kaum in ihrer Bedeutung hinterfragt. Sie sind aber meist ein Abbild davon, wie man sich das Zusammenspiel von weltlicher und geistlicher Gewalt dachte und damit eines ordo, der nach mittelalterlicher Vorstellung die Welt befrieden kann. Exemplarisch seien hier Möglichkeiten programmatischer Darstellung vorgestellt.

Die Darstellung **Petri als Papst** wurde in der der Hirsauer Reform anhängenden Klosterkirche Prüfening zu einer Darstellung der Zweischwerterlehre aus der ersten Hälfte des 12. Jahrhunderts erweitert. Während des Pontifikats Papst Leos IX. standen die Hirsauer Klöster ganz auf der Seite des Papstes, der die Anschauung vertrat, dass er Zugriff auf die gesamte Erde und die gesamte religiöse und politische Ordnung habe. 494 hatte Papst Gelasius in einem Brief formuliert, dass es zwei Gewalten gäbe, von denen die Welt regiert werde: die herrscherliche und die päpstliche Gewalt; die päpstliche Autorität habe jedoch einen höheren Rang. In Prüfening ist Petrus seiner Gewandung nach als Bischof von Rom gezeigt. Da die begleitende Inschrift ihn ‚Dominus' also ‚Papst' nennt und über ihm die Personifikation der

Prüfening, Klosterkirche St. Georg

Stift Neuburg, St. Bartholomäus, Petrus als Papst

Kirche dargestellt ist, meint die Darstellung sicherlich die römische Kirche. Petrus hält in beiden Händen ein Schwert. Das eine ist für einen Herrscher, das andere für einen Bischof bestimmt. Es könnten mit den beiden Personen Konstantin und Silvester, oder wahrscheinlicher Regnum und Sacerdotium gemeint sein, denen die Gewalt von der römischen Kirche verliehen wird.

Ging es um kirchenrechtlichen Vorrang, so spielte in der nordalpinen Bildpropaganda fast immer **Papst SILVESTER I. (314–335)**

eine Rolle. Im vor 969 abgefaßten sogenannten Trierer Silvester-Diplom wurden der Besitz des Petrusstabes und der Primat miteinander verbunden. Dieses Diplom soll eine Abschrift einer Papsturkunde des 4. Jahrhunderts gewesen sein, in der Trier der Vorsitz bei Synoden in Gallien und Germanien zugesichert wurde (-> Trier).

Prüfening, Klosterkirche St. Georg, Zweischwerterlehre

Der Kölner Dom, dessen Vollendung im 19. Jahrhundert zum Symbol eines neuen deutschen Reiches geworden war, erlebte nach seiner Grundsteinlegung 1248 bis etwa 1332 nur die Fertigstellung des Kathedralchors. Das Bildprogramm des Chors soll in Teilen mit dem Besuch Kaiser Heinrichs III. und **Papst LEOS IX. (1049–1054)** an Peter und Paul 1049 zusammenhängen, bei dem sich im ottonischen Dom Papst und Kaiser im damaligen Chorgestühl gegenüber gesessen hätten. Seitdem wurden die jeweiligen Kaiser und Päpste immer im Domkapitel aufgenommen und hatten aus den Reihen der Kanoniker einen Vertreter. Im gotischen Chorgestühl sind bis heute Sitze für Kaiser und Papst erhalten. So ist der Papst im liturgischen Denken stets präsent. Das Bildprogramm des gotischen Chors ist vom mittleren Obergadenfenster her zu lesen, das den Heiligen Drei Königen gewidmet ist. Diese werden in den Fenstern links und rechts davon von Darstellungen der 24 Ältesten und der Könige der Genealogie Christi nach Matth. 1 gesäumt. Das Gestühl rechts ist die Herrscherseite. Die Schranken zwischen den Chorpfeilern sind bemalt und zeigen im Anschluß an die Legende der Heiligen Drei Könige die römisch-deutschen Könige und Kaiser. Einst wurde diese Serie von einer Büste Konstantins angeführt. Nach französischer Vorstellung konnte der mit Himmelsöl gesalbte Herrscher im Chor in Sukzession mit biblischen Königen seinen Platz finden. 100 Jahre nach dem Königsfenster von St. Rémi in Reims werden diese Vorstellungen in Köln rezipiert. Die gegenüberliegende Seite des Kölner Gestühls ist die Papstseite. Sie wurde von der Büste Papst Silvesters I. eingeleitet. Es folgen an den Schranken Petrusszenen, dann ein Silvester-Konstantin-Zyklus, darunter in langer Serie die Kölner Erzbischöfe. Letztlich bringt das Bildprogramm eine von

biblischen Gedanken gespeiste Weltordnung zum Ausdruck und zeigt das Zusammenwirken weltlicher und geistlicher Macht, wobei die Darstellung der geistlichen die hochrangigere Seite im Chor des Kölner Doms erhalten hat. Die Kölner Erzbischöfe beanspruchten für sich das Recht den König in Aachen zu krönen (-> Köln).

Konstantin-Silvester-Zyklen bleiben, wenn es im Mittelalter darum geht, das Verhältnis päpstlicher und kaiserlicher Gewalt zu bestimmen, das maßgebende Vorbild, wie das Kaiserfenster in St. Lorenz in Nürnberg zeigt (-> Nürnberg).

Päpste wurden auch dann programmatisch ins Bild gesetzt, wenn Heiligsprechungen anstanden. Sollte ein lokaler Bischof kanonisiert werden, so konnte für seinen Schrein eine Darstellung des Papstes gewählt werden, der die Heiligsprechung durchgeführt hat. Im Falle des Hildesheimer Bischofs Godehard (1022–1038) erfolgte durch **Papst INNOZENZ II. (1130–1143)** 1131 die Kanonisation. An einer Stirnseite des Godehardschreins aus dem 12. Jahrhundert sind Bischof Bernward und Bischof Godehard dargestellt. Beide sind durch Namensinschriften eindeutig identifiziert. Der dritte, nicht namentlich bezeichnete hohe Kleriker wird als Papst Innozenz II. interpretiert. Derartige Spuren von Päpsten werden Deutschlandreisende immer wieder bemerken. Den Umfang dieses Führers würde eine Beschreibung dieser Beispiele sprengen. Sie werden daher nicht verfolgt.
In dem Reisebegleiter spielen als Skulpturen, Reliquienbüsten, in Bildzyklen oder Einzeldarstellungen und bei Reliquiaren die nachstehend aufgelisteten **PÄPSTE** eine Rolle.

Nürnberg, St. Lorenz, Kaiserfenster, Scheibe mit Papst Silvester I. und Konstantin

PETRUS (WOHL +67)

Attribute: Buch, Schlüssel, Fisch, Hahn
Reliquien in Aachen, Bamberg, Köln, Osnabrück, Trier
Schutzpatron der Fischer, Schiffer, Schlosser, Brückenbauer, Uhrmacher, Metzger, Schmiede, Steinbrucharbeiter, angerufen gegen Diebe, Fieber, Fallsucht, als Wettermacher und Himmelspförtner

CLEMENS I. (92–101)

Attribute: Anker, Tiere, Lamm, Brunnen
Reliquien in Halle
Schutzpatron der Steinmetze, Marmorarbeiter, Seeleute, angerufen gegen Gewitter und Sturm

ALEXANDER I. (107–116(?))

Attribute: Buch und Palme
Reliquien 834 nach Freising, später in Aschaffenburg, wohl in Lambrecht
Schutzpatron gegen Kropf und Skrofeln

SIXTUS I. (II.) (+UM 125)

Siehe Sixtus II.

PIUS I. (UM 142–154/155)

Attribute: Pontifikalkleidung, Buch
Reliquien in Bamberg (stammte aus Aquileia)

CALLIXTUS I. (217–222)

Attribute: Buch, Mühlstein
Reliquien 854 nach Fulda

URBAN I. (222–230)

Attribute: Buch, Kreuzstab, Weintraube
Reliquien 849 nach Erstein im Elsaß
Schutzpatron der Winzer und Patron gegen Frostgefahr

FABIAN I. (236–250)

Attribute: Buch, Kreuzstab, Schwert
Reliquien in Fulda, Hornbach
Schutzpatron der Töpfer und Zinngießer

CORNELIUS I. (251–253)

Attribute: Buch, Horn, Kreuzstab
Reliquien 814 nach Kornelimünster, später in Köln
Schutzpatron des Hornviehs und Patron gegen Epilepsie

STEPHAN I. (254–257)

Reliquien in Bamberg, Speyer

SIXTUS II. (257–258)

Attribute: Geldbeutel, Buch
Reliquien in Polenfeld
Schutzpatron für das gute Gedeihen von Trauben und Bohnen, angerufen von Schwangeren bei Lendenschmerzen

GAIUS I. (283–296)

Attribute: Kreuzstab

Reliquien in Bamberg

SILVESTER I. (314–335)

Attribute: Buch, Pferd, Schirm, Stier
Reliquien in Bamberg im 11. Jahrhundert (früheste Verehrung in Deutschland), im Spätmittelalter in Köln
Schutzpatron der Haustiere, der guten Futterernte

HADRIAN I. (772–795)

Attribute: nicht bekannt

Reliquien in Bamberg (Sekundärreliquie)

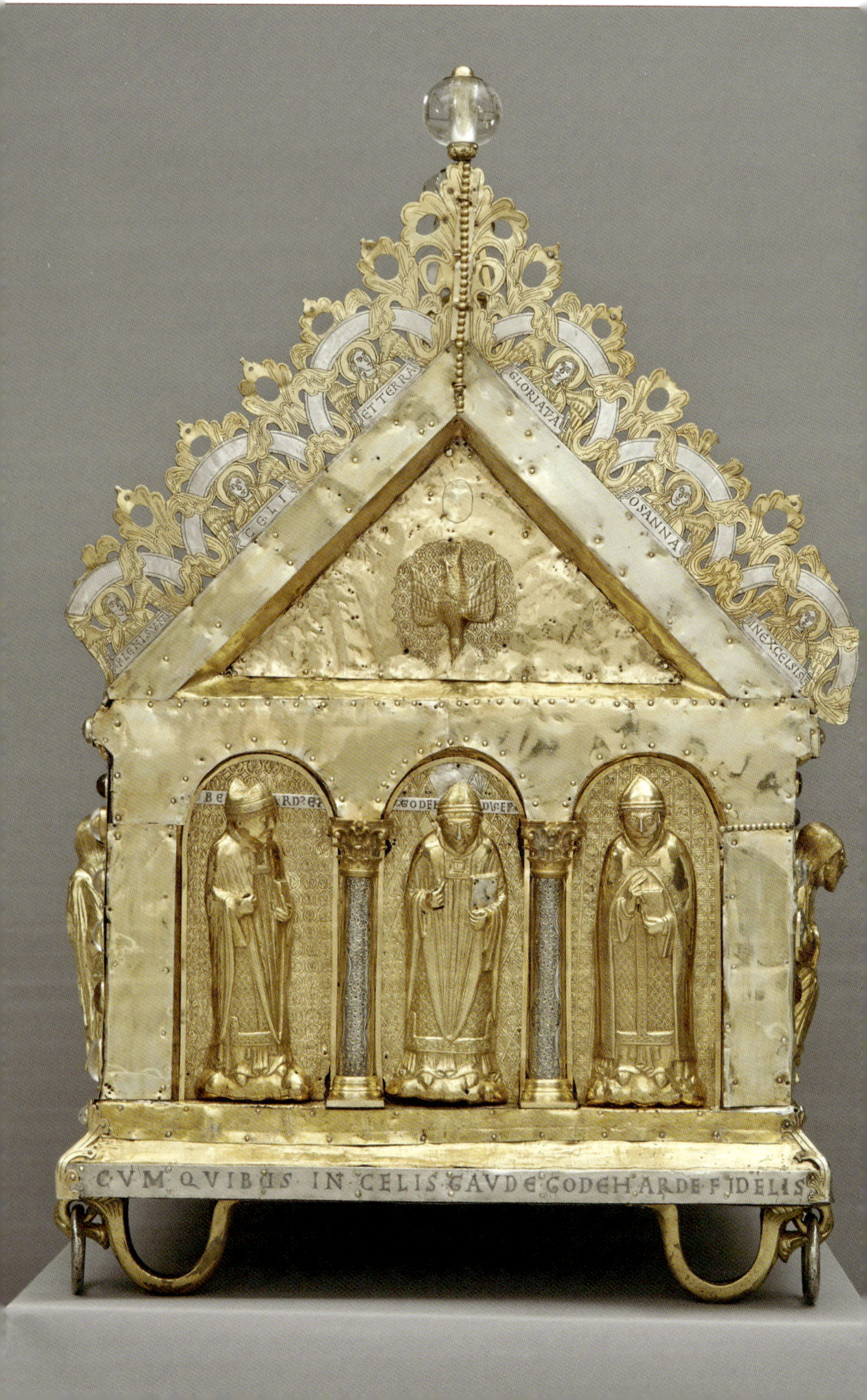
ET TERRA
OSANNA
CVM QVIBVS IN CELIS GAVDE GODEHARDE FIDELIS

INFO Was ist eine Basilica minor?

Einzelne herausragende Gotteshäuser tragen den Titel ‚Basilica minor' (=kleine oder niedere Basilika). Dieser Titel ist eine Auszeichnung, die der Apostolische Stuhl verleihen kann. Eine solche Erhebung soll eine enge Verbundenheit von Papst und Ortskirche ausdrücken. Die Kirchen, die ausgezeichnet wurden und werden, haben oft eine besondere historische, manchmal päpstliche Vergangenheit.

Erkennbar sind solche Basiliken am päpstlichen Wappen. Ihnen obliegt es, den 22. Februar, das Fest Cathedra Petri, den 29. Juni, Peter und Paul, und den Jahrestag der Wahl des jeweils regierenden Papstes besonders zu begehen.

Den Titel ‚Basilica maior' (=Erzbasilika oder Patriarchalbasilika) tragen die vier Hauptkirchen in Rom, die auf die vier Patriarchate Jerusalem, Konstantinopel, Alexandria und Antiochia hinweisen: San Giovanni in Laterano, San Pietro in Vaticano, San Paolo fuori le mura und Santa Maria Maggiore. San Giovanni ist die ranghöchste Erzbasilika und Kathedralkirche des Bischofs von Rom.

Hildesheim, Dommuseum, Schrein des hl. Godehard mit Papst Innozenz II.

AACHEN

PFALZKAPELLE

Weltberühmt ist die Pfalzkapelle, mit der viele Kunst- und Architekturgeschichten eröffnet werden, da der karolingische Bau weitgehend original erhalten blieb. Sie ist ein Oktogon, das um 794 begonnen wurde und wohl um 798 im Rohbau fertiggestellt war. Als auch die Ausstattung weitgehend vollendet war, soll nach einer Quelle des 12. Jahrhunderts **Papst LEO III. (795–816)** die Kirche an Heilige-Drei-Könige 805 eingeweiht haben.

Als Baumeister gilt Odo von Metz. In Lothringen mit seinem reichen antiken Erbe war das Bauen in Stein in Übung geblieben. Wie jüngste Bauforschungen ergaben, kamen z. B. auch die in Kalkstein gehauenen Kapitelle der Lorscher Torhalle aus Lothringen (-> Lorsch). Für Bauten in Aachen entnahm man Quader der römischen Stadtmauer von Verdun. Säulen wurden aus Ravenna und Rom herbeigeschafft. Der gut 32 m hohe Steinbau der Pfalzkapelle mit Kuppel ist eine gewaltige Leistung für die damalige Zeit.

Näherte man sich in karolingischer Zeit dem Bau, so fiel der von Treppentürmen flankierte Westbau mit Quadern aus Kalkstein auf. Der Bau kopierte den angeblich von Kaiser Konstantin erbauten päpstlichen Lateranpalast in Rom. Das Atrium vor dem Westbau, das heute von malerischen Kanonikerhöfen gesäumt ist, kann als Zitat des Atriums von Alt-St. Peter aufgefasst werden. In das Portal ist eine zweiflügelige Bronzetür eingesetzt, die in Aachen Ende des 8. Jahrhunderts gegossen wurde und eine Wiederbelebung der antiken Gusstechnik darstellt. Betritt man die Eingangshalle, so deutet auch die Wölfin rechts an der Wand – ein spätrömischer Bronzeguss - solch einen Rombezug an. Sie hat allerdings unterschiedliche Datierungen erfahren. Der bronzene Pinienzapfen, jüngst zwar ins 10. Jahrhundert gesetzt, doch zuvor ins 1. oder 2. oder 9., heute im Eingangsbereich links, zeigt ebenfalls einen Rombezug: Er ist demjenigen aus der Antike nachgebildet, der im Vorhof von Alt-St. Peter stand.

Aachen, Pfalzkapelle

Treten wir ins Innere des Oktogons, so fällt ein hoher Zentralraum auf: Über dem Erdgeschoß öffnen sich hohe Bögen, die ins Emporengeschoss führen und in die zwei Säulengeschosse eingestellt sind. Darüber folgt eine Art Obergaden mit rundbogigen Fenstern, dann die achtfächrige Kuppel. Antike römische Bautechnik kam zum Einsatz: Mit Hilfe der ansteigenden Emporenwölbung wurden die Kuppelschubkräfte aufgefangen. Bei dem Zentralbau der Pfalzkapelle ist an ein hochbedeutendes römisches Bauwerk zu denken, das Pantheon, die antike Rotunde, die **Papst BONIFATIUS IV. (608–615)** um 609 Maria und allen Märtyrern geweiht hatte und die von da an neben Alt-St. Peter Hauptziel der Pilger war. Der Aachener Bau ist keine Rotunde und eine Doppelkapelle, deren Erdgeschoß Maria, deren Obergeschoß Christus geweiht ist. Die karolingischen Bronzegitter grenzen die Empore zum Mittelraum hin ab. Auf der Empore im Westen steht der ehemals mit Säulen ausgezeichnete Herrscherthron (durch die Gitter kaum zu sehen). Im Westbau war im Innern seit der Zeit Karls des Großen nicht nur der Thron aufgestellt, sondern ebenso ein Raum vorhanden für die Schätze und Reliquien, die heute zu einem Teil im Domschatz liegen.

Vorbild war Karl dem Großen bei der Anlage und ihrer Ausstattung neben Ravenna das päpstliche Rom, das seinen Hauptstadtcharakter trotz einer gewissen Verwilderung gewahrt hatte und Richtschnur und Maßstab war. Aachen galt als neues Rom: Hierhin wurde vieles aus Rom gebracht, Säulen und Marmor für die Fußboden; hier hat man das damalige Wissen versammelt, z. B. für den Bronzeguss nach antikem Vorbild, und von hier aus wurde römische Liturgie im ganzen Reich verbreitet.

Nach Osten schließt heute ein Licht durchfluteter Chor an, der ab dem 14. Jahrhundert nach dem Vorbild der Sainte-Chapelle in Paris als Schrein für die kostbaren Reliquien in Aachen errichtet wurde. Schlanke Fensterbahnen führen den Blick in die Gewölbe. Deren Schlußsteine zeigen von Ost nach West Christus, Maria, Karl den Großen und Papst Leo III. Die Vorstellung des päpstlichen Mitwirkens ist jedoch älter: denn Leo taucht an den beiden heute im Chor aufgestellten Schreinen auf. Am 1215 von Friedrich II. verschlossenen Karlsschrein hinten im Chor ist an der Stirnseite Karl der Große in Begleitung von Erzbischof Turpin von Reims und von Papst Leo III. gezeigt. Am Marienschrein, der um 1220/38 für die vier großen Heiltümer geschaffen wurde, ist an der Längsseite Maria inmitten der Apostel gegeben, die eine Schmalseite zeigt die Sitzfigur Christi als Maiestas Domini und die ihr gegenüberliegende die des Papstes Leo mit Pallium, Pedum und kegelförmiger Tiara. Die christliche Ikonographie diente hier sicherlich der Bedeutungssteigerung der Krönungskirche: die wiederholte Darstellung des Papstes sollte ein bildliches Argument der Autorität Aachens als rechtmäßiger Krönungsort sein.

Bevor der Weg zurück ins Oktogon führt, ist noch dem zwischen den beiden Schreinen aufgestellten Lesepult in Form eines

Adlers aus der Mitte des 15. Jahrhunderts Beachtung zu schenken, dem überaus kostbaren, von Kaiser Heinrich II. im frühen 11. Jahrhundert gestifteten Ambo (Lesekanzel) an der rechten Seitenwand des Chors und dem Goldantependium, das eine herrscherliche Stiftung Ottos III. um 1000 oder Heinrichs II. ist und in Anlehnung an oberitalienische Antependien für den karolingischen Marmoraltar entstand. Kaiser Friedrich Barbarossa hat den gewaltigen Leuchter um 1170 Aachen geschenkt, der als Symbol des himmlischen Jerusalems im Oktogon hängt.

Die Tradition einer Weihe durch Papst Leo III. schrieb sich bis ins 19. Jahrhundert fort: Die Mosaiken zeigen nach Osten auf beiden Seiten Christi die Patrone der Pfalzkapelle, sodann auf der linken Seite Karl den Großen als Stifter, während auf der rechten Seite Papst Leo III. als Weihender zu sehen ist. »Sanctus Leo Papa Consecrator« verrät die Inschrift unter ihm. Wie in römischen Mosaiken trägt er den rechteckigen Nimbus der Lebenden.

Die Pfalzkapelle hatte hohe Bedeutung als Krönungskirche: 30 deutsche Könige wurden in ihr gekrönt. Daher kamen auch in den Kirchenschatz ganz herausragende Werke, so dass ihn der Custos Erich Stephany als einen der »bedeutendsten Kirchenschätze, die erhalten blieben« preisen konnte. Viele Arbeiten stehen in herrscherlichem Kontext, einzelne auch in päpstlichem.

DOMSCHATZ

Wendet man sich im Erdgeschoß nach links, so ist hier der Proserpina-Sarkophag aufgestellt, ein antiker Sarkophag, in dem Karl der Große bestattet worden war. Im Raum dahinter stößt man auf das sogenannte Karlsreliquiar, eine Aachener Arbeit aus dem dritten Viertel des 14. Jahrhunderts. Es handelt sich um ein Kapellenreliquiar, da seine Gestalt einen kleinen Kirchenbau nachbildet. Es zeigt auf einer von acht Löwen getragenen Bodenplatte neben Säulchen Standfiguren, die den Reliquienkasten für die Beinreliquie Karls tragen. Auf der Ansichtsseite ist links

Aachen, Domschatz, Situla

Erzbischof Turpin von Reims gezeigt, rechts Papst Leo III. mit spitzer hoher Tiara. Die Begegnung Karl des Großen mit Papst Leo III. muss nachhaltig in Erinnerung geblieben sein. Über der Beinreliquie ist im Kapellengeschoß links von Maria Karl der Große mit einem Miniaturmodell der Pfalzkapelle, wie sie im 14. Jahrhundert aussah, gezeigt.

Einige Vitrinen weiter hat sich ein päpstliches Ehrengeschenk erhalten. **Papst EUGEN IV. (1431–1447)** hatte 1432 zwei in Italien in Silber getriebene, gegossene und gravierte Medaillons mit der Auferstehung Christi und dem Lamm Gottes an Aachen geschenkt, die in ein Reliquiar in Form einer Monstranz mit Kreuzpartikel eingearbeitet wurden. Die Umarbeitung erfolgte um 1515 durch Hans von Reutlingen. Plaketten mit dem Lamm Gottes verschenkten Päpste an besondere Personen oder Kirchen, ab der Mitte des 14. Jahrhunderts nur alle sieben Jahre.

Ein herausragendes Stück stellt im nächsten Raum die Elfenbein-Situla (Weihwassereimer) dar, eine westdeutsche Arbeit der Zeit um 1000 bzw. des frühen 11. Jahrhunderts. Da Weihwassergefäße aus Elfenbein nur selten erhalten sind, wird, wie für die beiden anderen ottonischen elfenbeinernen Situlen in Mailand und London, für das Aachener Gefäß angenommen, dass es in Zusammenhang mit dem Empfangszeremoniell des Herrschers steht. Dafür spricht auch das ikonographische Programm: Es zeigt im unteren Register Krieger, auf denen sich die weltliche Macht des Kaisers gründete. Im Register darüber ist in einer Art Palastarchitektur Petrus dargestellt, rechts von diesem ein Herrscher, der als Otto III. oder Heinrich II. identifiziert wird. Auf der anderen Seite Petri ist ein Papst zu sehen. Das Bildprogramm bringt also die gemeinsame durch Petrus vermittelte Herrschaft von Papst und Kaiser zum Ausdruck. Der Vergleich mit Münzen und Kaiserbullen erlaubt verschiedene Identifikationen: Kaiser Karl der Große und Papst Leo III., Kaiser Otto III. und Papst Silvester II., Kaiser Heinrich II. und ein Papst. Außerdem sind zwei Erzbischöfe, zwei Bischöfe und ein Abt auszumachen. Auch das Bildprogramm spricht für eine Verwendung beim Einholungszeremoniell.

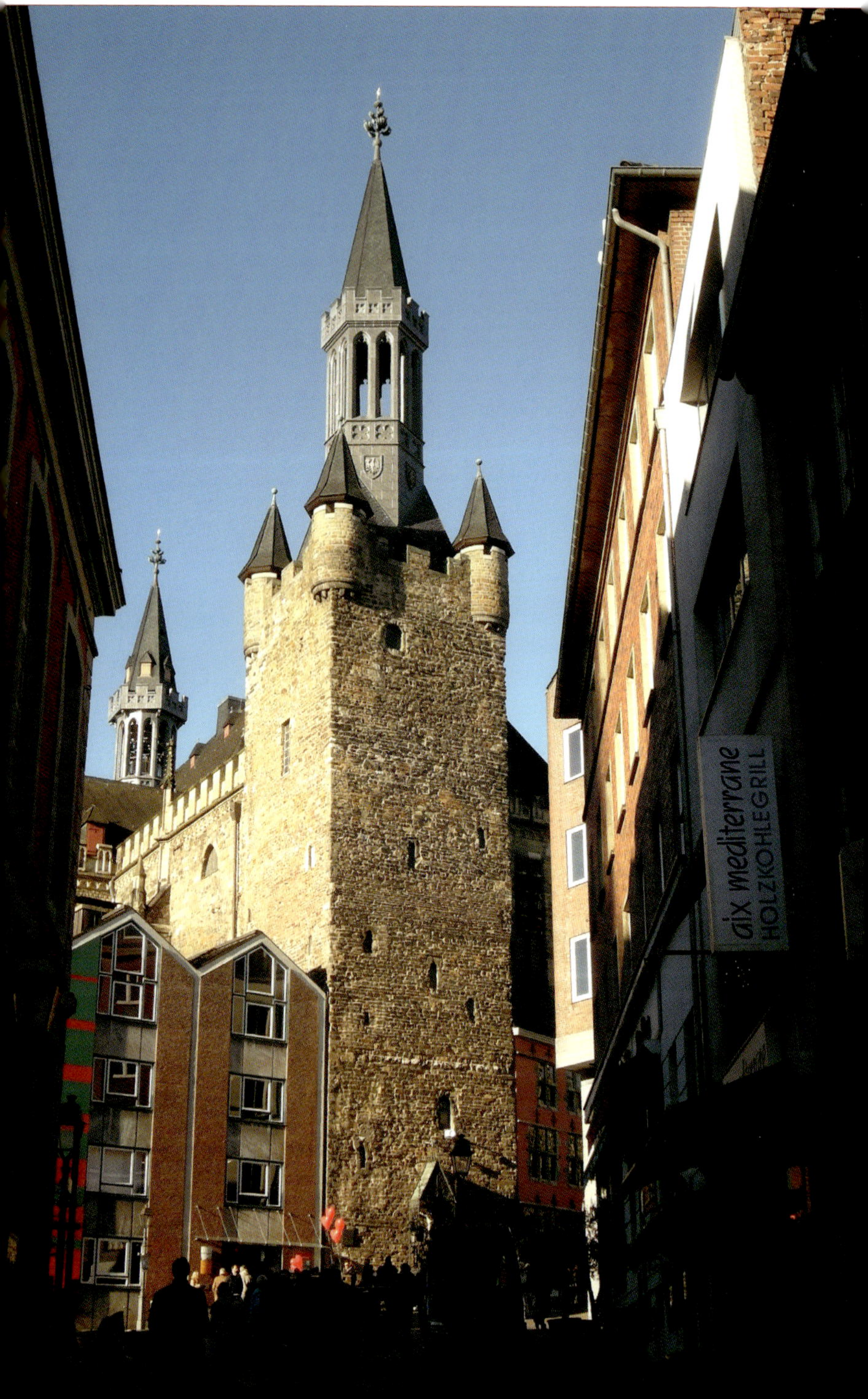
aix mediterrane
HOLZKOHLEGRILL

Aachen, Granusturm

Im ersten Stock ist im Raum links auf einem spätgotischen Postament eine Petrusstatue ausgestellt. Sie wird dem in Aachen tätigen Goldschmied Hans von Reutlingen zugeschrieben und um 1510 datiert. Sie ist aus zum Teil vergoldeten Silber. Petrus trägt keine Mitra, doch zwei Schlüssel und einen Nimbus. In der Hand hält Petrus ein zerbrochenes Glied der Eisenkette, mit der er im Kerker in Rom gebunden war und das zum Teil in Gold gefaßt ist. Petrusreliquien waren überaus selten, eine Reihe bedeutender Kirchen können aber immerhin Petri Kette für sich reklamieren (-> Köln, Bamberg).

Steigt man in den Keller hinunter, so stößt man auf den Krönungsmantel, der irrigerweise als sogenannte Cappa Leonis verehrt wird. Der Legende nach soll Leo bei der Weihe der Pfalzkapelle die Cappa getragen haben. Sicher hat das Pluviale, das im 15. und 16. Jahrhundert verändert wurde, nichts mit Papst Leo zu tun, da es sich um eine Kölner Arbeit und einen dunkelroten Seidenstoff des 14. Jahrhunderts handelt, der mit silbervergoldeten Rosetten besetzt wurde und in den mit Goldfaden Quadrate eingearbeitet wurden. Die Randborte mit Silberglöckchen ist eine Kölner Arbeit. Die Cappa kam bei den Krönungen Karls IV., Sigismunds und Karls V. zum Einsatz. Erneut zeigt sich, dass durch Papst Leo III. Aachen als Krönungsort eine Aufwertung erfahren sollte.

Beim Hinausgehen ist im Kreuzgangbereich noch ein Blick aus der Nähe auf zwei spätantike Säulen aus grünem Porphyr zu werfen, die aus Köln oder Italien herangeschafft worden waren und um 790 in Aachen mit Marmorkapitellen und Bronzebasen versehen wurden.

INFO Das Aachener Münster trägt viele Namen: Der Name ›Pfalzkapelle‹ rührt daher, dass hier die capellani, die Hofgeistlichen, die cappa des hl. Martin, also eine hochbedeutende Reliquie hüteten. – Der Name Aachener Münster rührt daher, dass hier die Stiftsgeistlichkeit in einem Stift, monasterium, lebte. – Die Bezeichnung »basilica« in den Quellen hingegen meint die Königshalle mit dem Thron des Herrschers, was im Grunde eine Orientierung an Konstantins Basiliken ist, z. B. an der Trierer Basilica. Basilica meint daher den gesamten karolingischen Baukomplex in Aachen. Teile der ehemaligen Pfalz sind im Rathaus erhalten. Hier stand die Königshalle. Besonders gut ist karolingisches Mauerwerk mit den unregelmäßig angeordneten kleinen Fenstern im Granusturm zu erkennen. Ein überdachter Gang verband Aula und Pfalzkapelle. Sollte Papst Leo III. tatsächlich über Aachen gekommen sein und hier Station gemacht haben, mag er solche Steinbauten kennengelernt haben. Lohnend ist ein Rundgang zum Rathaus, zum Granusturm und die malerischen Altstadtgässchen. Hier findet man in der Körbergasse Plum's Kaffee, das von sich rühmt, die älteste Rösterei in Deutschland zu sein. Wenige Schritte weiter in der Straße Büchel kann man in den Alt Aachener Kaffeestuben in passendem Ambiente Kuchen, auch belgische Pâtisserie, und entsprechenden Kaffee zu sich nehmen.

TIPP Möchte man in der Pfalzkapelle fotografieren, so ist der Kauf einer Fotogenehmigung zu empfehlen. Zahlreiche »Domschweizer«, Aachens Schweizer Garde, sind zur Überwachung unter die Touristen gemischt!

KORNELIMÜNSTER (SEIT 1972 EINGEMEINDET)

Das heutige Kornelimünster wurde 814 als Kloster Inda von Kaiser Ludwig dem Frommen an einem Kreuzungspunkt römischer Fernstraßen gegründet. Benedikt von Aniane war sein erster Abt. Er hatte die Benediktregel ediert, die auf dem Konzil zu Inda 817 als die für das ganze Frankenreich verbindliche Klosterregel festgelegt wurde. 875 kam es zu einem Reliquientausch zwischen Aachen und Compiègne, einer Gründung Karls des Kahlen: Schädel wie Armreliquien des **hl. Papstes CORNELIUS (+um 250)** kamen nach Inda. Diese Reliquien waren so bedeutend, dass Inda

nun bald nach dem Papst Kornelimünster benannt wurde.

Aachen, Kornelimünster, Chor

Bei dem heutigen Kirchenbau schließen an einen romanischen Westbau fünf Schiffe unterschiedlicher Länge einer gotischen Hallenkirche an. Grund für die verschiedenen Bauphasen sind die zahlreichen Wallfahrten, die vor allem ab dem 13. Jahrhundert in großer Zahl belegt sind. Der Hauptchor wurde im 14. Jahrhundert unter Einfluß der Kölner Dombauhütte errichtet. Im Scheitel der Hauptapsis liegt der barocke Zentralbau der Korneliuskapelle. Das Altarblatt aus dem 18. Jahrhundert zeigt die Aufnahme des Cornelius in den Himmel.

Für die Schädelreliquie von Papst Cornelius wurde um die Mitte des 14. Jahrhunderts von Gold- und Silberschmieden ein redendes Reliquiar geschaffen: eine Silberbüste, die den Papst kenntlich macht durch die Amtsabzeichen, wie Pallium und dreistufiger

Tiara mit Kreuz. Bis heute ist die Bedeutung dieser Reliquien am Edelsteinbesatz von Kragen, Pallium und Tiara abzulesen.

Aachen, Kornelimünster, Kopfreliquiar von 1360

Da im Namen Cornelius das lateinische Wort cornu (Horn) steckt, ist das Horn zum Attribut des Papstes geworden. Im Schatz von Kornelimünster befindet sich solch ein Horn mit einer Reliquienkapsel als Aufsatz. Es handelt sich um ein silbergefaßtes spätgotisches Reliquiar aus Büffelhorn auf zwei Greifenklauen. Pilgern gab man aus diesem Horn geweihtes Wasser zu trinken.

Die bedeutendsten Reliquien von Kornelimünster sind jedoch drei besondere Herrenreliquien: das Schweißtuch, das Grabtuch und das Schürztuch Christi, das sich Christus umband, um nach dem Abendmahl den Jüngern die Füße zu waschen. Kaiser Ludwig der Fromme hatte sie dem Schatz der Pfalzkapelle entnommen und bei der Gründung Indas hierher gebracht. Wie moderne Untersuchungen ergaben, sind es in der Tat uralte, der Zeit Christi entstammende Stoffe. Diese Reliquien werden wie die Reliquien der Pfalzkapelle den Pilgern alle sieben Jahre gezeigt.

Seit 1706 werden alle Reliquien in der damals an den Chor angebauten Korneliuskapelle verwahrt. In der Kirche ist Papst Cornelius immer wieder dargestellt: Hervorzuheben ist am ersten nördlichen Pfeiler des Chorpolygons die steinerne Standfigur von Papst Cornelius. Sie steht auf hohem Sockel unter einem Baldachin. Das Werk wird um 1470 datiert und folgt dem Stil des Kölner Bildhauers Konrad Kuyn.

Das Säulenpostament des barocken Hochaltars zeigt Papst Cornelius als Reliefbüste.

In der Apsis des Südschiffs befindet sich der Annenaltar von 1501 von Meister Tilman. Auf den Außenflügeln ist Papst Cornelius mit dem Horn als einer der vier Marschälle dargestellt. Bei den anderen handelt es sich um Antonius, Quirinus und Hubertus.

INFO Der Schatz wird jährlich um den 16. September, dem Tag des hl. Papstes Cornelius in der Kirche ausgestellt. Bei der Korneliusoktav werden die Gebeine von Papst Cornelius gezeigt.

ANDECHS

Wichtigstes Wallfahrtsziel auf dem Heiligen Berg in Andechs sind bis heute drei geweihte Hostien. Zwei hatte **Papst GREGOR der Grosse (590–604)** und eine **Papst LEO IX. (1049–1054)** geweiht. Als die Wallfahrt im späten Mittelalter belebt wurde, kamen weitere Objekte mit Papstbezug in den Reliquienschatz der Kirche: Das um 1400 zu datierende Elisabeth-Kreuz wird der Legende nach mit **Papst GREGOR IX. (1227–1241)** in Verbindung gebracht und vor allem eine goldene Rose, die **Papst NIKOLAUS V. (1447–1455)** Herzog Albrecht von Bayern geschenkt hatte, der sie dann in den Schatz von Andechs gab.

Auf dem Heiligen Berg stand einst eine Burg der Grafen von Diessen, die 1080 erstmals genannt wird. Im Verlauf des 12. Jahrhunderts stiegen diese Grafen als Herzöge von Meranien in den Reichsfürstenstand auf. Ihnen war ein glänzender Aufstieg beschieden mit Besitzungen von Franken bis nach Istrien und Mitgliedern, die Bischöfe in Regensburg, Bamberg und Aquileia wurden, bzw. weiblichen Mitgliedern, die durch Heirat mit bedeutenden Herrscherhäusern (Ungarn, Schlesien, Thüringen) verbunden wurden. Wohl schon um 1209 wurde die Burg zerstört (Mauerreste im Bereich des ehemaligen Fronhofs), da Herzog Heinrich von Meranien und sein Bruder der Bamberger Bischof Ekbert von Meranien verdächtigt wurden, an der Ermordung Philipps von Schwaben beteiligt gewesen zu sein (-> Bamberg).

Um die Anfänge der Wallfahrt zu den Andechser Reliquien ranken sich Legenden. Ein Gemälde an der südlichen Empore in der Klosterkirche Andechs zeigt eine Maus mit Pergamentstreifen im Maul auf den Altarstufen. Der Pergamentstreifen gab Auskunft darüber, wo die Heiligen Reliquien zu finden seien. In der Tat fand man unter dem Fußboden der Nikolauskapelle 1388 ein Behältnis mit den drei geweihten Hostien. Dies belebte die Andechser Wallfahrt derart, dass es in Andechs bald die bedeutendste Heiltumsschau in Süddeutschland gab. Dazu trug auch bei, dass um 1450 der päpstliche Kardinallegat Nikolaus von Kues die Hostien für

Andechs, Wallfahrtskirche

Andechs, Vöhlinkapelle

echt und die Wallfahrt für gut befand und ihre weitere Durchführung empfahl. Um den Heiltumsschatz ordentlich unterbringen zu können, wurde 1420–1425 die Kirche neugebaut. Zur Betreuung der Wallfahrt wurde ab 1438 ein Chorherrenstift eingerichtet. 1455 stiftete Herzog Albrecht III. ein Benediktinerkloster, das von Tegernsee aus besiedelt wurde. Der Neubau der Kirche, eine Halle mit nicht eingezogenem Chor mit 7/12-Schluss, ist unter der barocken Raumfassung gut erkennbar. Die anliegenden Kapellen wurden erst im Verlauf des 15. und 16. Jahrhunderts endgültig fertig. 1609 konnte der zweigeteilte Hochaltar mit seinen beiden Marienfiguren eingeweiht werden. Trotz des großen Brandes 1669 blieben die Heilige Kapelle und die Gewölbe der Kirche unversehrt. Das heutige Aussehen der Kirche ist im Außenbau durch das 17. Jahrhundert, im Innern stark von den Erneuerungen für das 300-jährige Jubiläum 1755 geprägt: ein neuer Hochaltar wird eingeweiht, in den das Mariengnadenbild aus der Münchner Schule um 1460 und darüber die Maria Immaculata von Hans Degler von 1609 aus den Vorgängeraltären übernommen wird; zudem wird vorzüglicher Stuck von Johann Baptist Zimmermann, Johann Georg Üblher und Franz Xaver Feichtmayr angebracht. Durch die Galerien, die Weißhaltigkeit und das Gewölbe über dem Hochaltar wirkt der Raum weiter, als er tatsächlich ist. Die Emporen, die seit dem 15. Jahrhundert überliefert sind, dienten dazu, an bestimmten Festen die Heiltümer von dort zu weisen. Von den Emporen ist die Vöhlinkapelle von 1591–1594 zugänglich (heute Hedwigskapelle, eine Treppe führt hinauf), von deren Erker aus der Reliquienschatz Wallfahrern vor der Kirche gezeigt werden konnte.

Das zentrale Deckenfresko von Johann Baptist Zimmermann zeigt den sogenannten Andechser Heiligenhimmel, viele auch lokale Heilige, die den bedeutendsten Reliquien, den Drei Heiligen Hostien, die in einer Monstranz gezeigt werden, ihre Verehrung entgegenbringen. Die Gemälde an den Wänden schildern die Stiftung des Klosters durch Albrecht III. (im Süden über der Empore) und die Bestätigung der Stiftung durch Papst Nikolaus V. (im Norden über der Empore). Wie die Reliquien und vor allem

Andechs, Goldene Rose

die drei Hostien im 12. Jahrhundert aus Rom über Bamberg nach Andechs gelangt sein sollen, erzählen die 26 Bilder der Emporenbrüstungen, an denen Johann Baptist Zimmermann als Maler beteiligt war. Überhaupt findet sich das Motiv der Drei Hostien häufig in der Kirche, auch an Wallfahrtskerzen im Wachsgewölbe und am Opferstock. Die beiden Seitenaltäre sind links dem hl. Benedikt und rechts dem hl. Rasso von Grafrath geweiht. Im Auszug des Benediktsaltars ist die Halbfigur von Papst Gregor dem Großen mit den beiden geweihten Hostien und den Blutzeichen (Fingerglied und Kreuz) angebracht, rechts am Rassoaltar die Halbfigur von Papst Leo IX. mit dem blutigen IHS auf der Hostie. In der Schmerzhaften Kapelle sind versilberte Büstenreliquiare aus dem ersten Viertel des 18. Jahrhunderts aufgestellt, die Papst Gregor und Papst Leo zeigen. Beide Päpste waren als Garanten der Echtheit der Reliquien als Sitzfiguren auch auf den Seitenflügeln eines spätgotischen Altars von 1494 wiedergegeben. Auf den Rückseiten dieser Gemälde sind Reliquiare dargestellt, so dass diese Tafeln sicher die Flügel des ehemaligen Heiltumsschrankes waren. Sie verbargen die Reliquien im Schrank, wenn sie nicht gezeigt wurden. Diese Flügel sind heute gemeinsam mit einer dritten Tafel der Zeit um 1470, die die Weihe der Hostie durch Papst Leo IX. zeigt – dabei gravierte sich ein blutiges IHS in die Hostie –, im Innern der Heiligen Kapelle aufgestellt.

In die Heilige Kapelle gelangt man – jedoch nur zu besonderen Anlässen – von der Nordseite durch den Eingang zwischen Schmerzhafter Kapelle und Sebastianskapelle. Dies sind zugleich die ältesten wohl noch romanischen Teile der Kirche, wohl Gemäuer eines Vorgängerbaus. An der schweren Eisentür sind drei Schlösser angebracht, für die Herzog Albrecht, der Abt und der Klosterkustos jeweils einen Schlüssel hatten. Heute stehen die Reliquien in einem Rokoko-Schrank von 1757. An zentraler Stelle ist das Reliquiar mit den Drei Hostien aufgestellt, für die 1432/33 eine besondere Turm-Monstranz unter Verwendung von Bergkristall geschaffen wurde. Der Schatz enthält zahlreiche weitere Reliquien: darunter Herrenreliquien, die den ältesten Teil

des Schatzes bilden und angeblich vom hl. Rasso von Grafrath aus Jerusalem mitgebracht wurden. Außerdem befindet sich hier ein Stück vom Brautkleid Elisabeths und das sogenannte Siegeskreuz Kaiser Karls des Grossen. Das Elisabeth-Kreuz soll Papst Gregor IX. der hl. Elisabeth geschenkt haben, wenngleich es aber im Wesentlichen in die Zeit um 1400 datiert. Die entsprechenden Behältnisse für die Reliquien stammen meist aus dem späten 14. oder auch 15.-16. Jahrhundert. Ein weiteres päpstliches Geschenk war die Goldene Rose, die wohl durch Papst Nikolaus V. an Herzog Albrecht kam. Solche Rosen verschenkten die Päpste nur an Personen, die sich ganz besonders um die Belange der Kirche verdient gemacht hatten.

TIPP Vom Bahnhof Herrsching am Ammersee gibt es einen gut beschilderten, sehr schönen schattigen Wanderweg von etwa einer Stunde nach Andechs. Er führt durch das malerische Kiental, in dem sich die Kien durch steile Flyschhänge schlängelt. Der Heilige Berg liegt in beherrschender Lage, und bereits von Ferne nimmt man aus allen Himmelsrichtungen den Kirchturm wahr. Vom Heiligen Berg hat man eine vorzügliche Alpensicht.

Trotz baulicher Veränderungen haben der Außenbau von Kirche und Kloster den Eindruck eines Klosters des 15. bis 18. Jahrhunderts mit allen zugehörigen Wirtschaftsbauten sehr gut gewahrt. Das berühmte Andechser Bier, aber auch Milch- und Molkereiprodukte aus ökologischer Landwirtschaft können nach der Besichtigung der Wallfahrtskirche im Bräustüberl probiert werden.

INFO Der Heiltumsschatz ist nur im Rahmen von Führungen oder in Teilen zu besonderen Festen zu sehen:
Am vierten Sonntag nach Pfingsten findet die Drei-Hostien-Wallfahrt statt. Am 24. September findet die Andechser Kirchweihe statt, sie ist das Drei-Hostien-Fest und wird meist am letzten Samstag im September gefeiert.

Kloster Andechs
Bergstr. 2, 82346 Andechs
Tel. 08152–376253

HINWEIS Der gewaltige Heiltumsschatz, der bis zur Säkularisation auf 288 Stück angewachsen war, hatte für die bayerischen Herzöge so große Bedeutung, dass er Thema von zwei Altartafeln wurde und auch in dieser Form Verehrung erfuhr. Die oberen Hälften der Altarflügel, die 1494 für Andechs angefertigt wurden, sind in Andechs erhalten. Eine reduzierte Kopie liess Herzog Sigismund von Bayern 1497 für die spätgotische Kapelle des Jagdschlosses der bayerischen Herzöge in Blutenburg – heute ein Stadtteil von München – anfertigen. Schlossanlage und spätgotische Kirche können in Blutenburg besichtigt werden. Die Tafel von 1497 verließ im Zuge der Säkularisation Blutenburg und befindet sich heute im Bayerischen Nationalmuseum München (MA 3302) in Saal 14 (eine Taschenlampe mitnehmen, da der Saal sehr dunkel ist).
Bayerisches Nationalmuseum
Prinzregentenstraße 3, 80538 München
Tel. 089–2112401

ASCHAFFENBURG

STIFTSBASILIKA ST. PETER UND ALEXANDER

Die Kirche wurde am 17. Januar 1958 von **Papst PIUS XII. (1939–1958)** anlässlich der 1000-Jahr-Feier zur Basilica minor erhoben. Sie ist die einzige päpstliche Basilika im Bistum Würzburg. Am Außenbau verdeutlicht das Wappen des jeweils amtierenden Papstes den Kirchenbesuchern diesen Status, im Innenraum verweist der Padiglione, der gelb-rot gestreifte Schirm rechts vor dem barocken Hochaltar, auf den Rang der Kirche.

Sie gilt weltweit als einzige Kirche, die dem ersten Papst, dem hl. **Petrus,** und **Papst ALEXANDER I. (107-116?)** geweiht ist. Wann und wie diese Reliquien genau nach Aschaffenburg kamen, bleibt unklar. 835 waren Gebeine von Papst Alexander über die Alpen nach Freising gelangt. Die meisten gehen davon aus, dass die Alexander-Reliquien aber erst durch Herzog Otto von Schwaben und Bayern kurz nach der Mitte des 10. Jahrhunderts nach Aschaffenburg kamen.

Der älteste Vorgängerbau der Stiftskirche stammt aus karolingischer Zeit und war rechteckig. Sicher ist, dass Aschaffenburg in karolingischer Zeit ein Verwaltungszentrum für den königlichen Besitz im Spessart war. Königin Liutgart hatte hier 869–885 mehrere Kirchen gestiftet. Sie, die Gemahlin Ludwigs III., ist auch im Bereich der heutigen Stiftskirche bestattet.

Etwas sichereren Boden betritt man in ottonischer Zeit. Um 950, genauer 947–957, errichteten Herzog Liudolf von Schwaben und seine Gemahlin Ida die Kirche St. Peter und St. Alexander. Der Sohn Idas, Otto von Schwaben und Bayern, richtete ein Kollegiatsstift und eine Stiftsschule ein. Nach seinem Tod vererbte Otto Aschaffenburg an Mainz, so dass das Stift in die Obhut des mächtigen Erzbischofs Willigis kam. Allmählich wurde die Stiftskirche Hauptkirche des Ortes und Aschaffenburg Zweitsitz der Mainzer Erzbischöfe. Die Stiftspröpste Markolf und Arnold von Seelenhofen wurden 1141 bzw. 1153 zu Erzbischöfen nach Mainz gewählt – später ab

Aschaffenburg, Stiftskirche

1262 wurden die Pröpste in Aschaffenburg ausschließlich aus dem Mainzer Domkapitel bestellt. Das Stift hatte auch wirtschaftliche Bedeutung; denn **Papst LUCIUS III. (1181–1185)** bestätigte 1184 dem Stift seine Besitzungen. In der Reformationszeit gelangten hochrangigste Kunstschätze von Halle nach Aschaffenburg, da Albrecht von Brandenburg ab 1540 seine Residenz von Halle nach Aschaffenburg verlegte. Erst nach der Säkularisation wurde Aschaffenburg im Jahr 1821 dem Bistum Würzburg gegeben.

Die einstige Bedeutung lässt sich noch an der Kirche ablesen. Das Gotteshaus liegt leicht erhöht auf einem Hügel in der Innenstadt. Kommt man durch die von Stiftshöfen gesäumte Stiftsgasse auf die Kirche zu, so schreitet man über die barocke Freitreppe zum Westportal. Zwischen den beiden Treppenläufen stehen eindrucksvolle Sandsteinfiguren von Petrus und Alexander als Päpste, Kopien nach den Originalen von Johann Schuller von 1723. Oben angelangt begegnen sie erneut im Tympanon des westlichen Eingangs: Der thronende Christus wird zur Linken von Petrus, hier nicht als Papst, doch mit gewaltigen Schlüsseln dargestellt, und zur Rechten von Alexander, der mit Pallium und mit Märtyrerpalme gezeigt ist, flankiert. Das Tympanon-Relief wird um etwa 1220 datiert. Dass bei Alexander durch die Palme das Martyrium hervorgehoben wurde, hängt mit einer Vermischung des Papstes mit dem gleichnamigen Bekenner zusammen.

Betritt man durch das Rundbogenportal das Innere, so stößt man auf die ältesten Teile der Kirche: das Langhaus mit seinen romanischen Pfeilerarkaden und den rundbogigen Obergadenfenstern, das aus dem 12. Jahrhundert stammt. Die 16 spätromanischen Säulen unter der Orgelempore stammen vermutlich aus dem Vorgängerbau der heutigen Johannesburg. Querhaus und Ostchor sind in die erste Hälfte des 13. Jahrhunderts zu setzen, wurden jedoch gotisch umgestaltet. Das 12. Jahrhundert ahmte hier die vorangehende ottonische dreischiffige Basilika mit einschiffigem gerade schließenden Chor nach, die um die Mitte des 10. Jahrhunderts errichtet worden war und in der zweiten Hälfte des 12. Jahrhunderts baufällig geworden war. Ab dem 13. Jahrhundert wurden die Seitenschiffe durch Kapellenanbauten erweitert.

Die berühmteste dieser Kapellen ist die 1516 geweihte Maria-Schnee-Kapelle, die auf das Wunder in Rom Bezug nimmt, als mitten im August Schnee fiel, woraufhin **Papst LIBERIUS (352–366)** genau an dieser Stelle S. Maria Maggiore in Rom gründete.

Bei einem Rundgang durch die Kirche sticht im Langhaus südseitig die Kanzel ins Auge, die der Aschaffenburger Bildhauer Hans Juncker 1602 schuf. Bemerkenswert ist der Schaft, der Petrus und Alexander als heilige Päpste zu beiden Seiten des Apostels Andreas zeigt – Andreas ist der Namenspatron des Stiftskantors Andreas Weber, zu dessen Gedächtnis die Kanzel errichtet worden war. Selbst wenn ohne unmittelbaren päpstlichen Kontext, so sei doch auf einzelne weitere hochbedeutende Kunstwerke verwiesen. Ältestes Ausstattungsstück ist das ottonische Triumphkreuz aus der Zeit um 980, das vermutlich von Äbtissin Mathilde aus Essen und Erzbischof Willigis in Erinnerung an Mathildes Bruder Otto gestiftet wurde. Es hängt in der Mitte der Nordseite des Hauptschiffs und hat den toten Christus zum Thema; die Seitenwunde ist betont, die Augen sind geschlossen. Der eindrucksvolle Viernagel-Christus ist möglicherweise eine Essener Arbeit, wie die Rahmung mit gemaltem Edelsteinbesatz annehmen lässt. Es erinnert an das Gerokreuz im Kölner Dom (-> Köln). Links vor der Vierung steht die Holzskulptur einer bemerkenswerten Mondsichelmadonna um 1460. Im Chor sind beidseitig in die Seitenwände die Sarkophage der Stifter eingelassen: rechts in die Wand der um 1260 entstandene Steinsarg Herzog Ottos, auf der linken Seite der Sarkophag von Liutgart und ihrer Tochter. Im nördlichen Querhaus ist das 1525 von Peter Vischer d. J. geschaffene Epitaph für Kardinal Albrecht von Brandenburg aufgestellt. Dies hatte der Kardinal für Halle vorgesehen, wo im Material Bronze die unsterbliche Erinnerung an ihn gepflegt werden sollte. Auf dem daneben aufgestellten bronzenen Baldachin, das die eigentliche Marmorgrabplatte überdecken sollte, befindet sich nun der Margaretensarg, der zu den wenigen erhaltenen Reliquiaren aus dem Halleschen Heiltum gehört. Gegenüber im südlichen Querhaus stoßen wir auf einen künstlerischen Höhepunkt: die Beweinung Christi von Matthias Grünewald. Sie war

Aschaffenburg, Reliquiar Papst Alexanders I.

wohl die Front der Grabtruhe des 1525 geschaffenen Heiligen Grabes. Eindrucksvoll ist der ausgemergelte, aschfahle Leichnam in dem langen Querformat gezeigt. Sowohl die Frau rechts als auch die gefalteten Hände Mariens bringen drastisch den Schmerz zum Ausdruck. Die beiden Wappen, links das von Albrecht von Brandenburg und rechts das von Theoderich von Erbach, erinnern an die beiden Kurfürsten. Dreht man sich um, so sieht man eine Gemäldekopie mit Albrecht und goldener Tiara.

Auf dem Weg zurück zum Ausgang lohnt der Weg die Treppe hinauf zur Maria-Schnee-Kapelle. Der Stiftskanoniker Heinrich Reitzmann hatte 1494/95 in Rom S. Maria Maggiore kennengelernt. Er wollte in Aschaffenburg die Maria-Schnee-Verehrung einführen und gründete daher diese Kapelle. 1517 erhielt Matthias Grünewald den Auftrag für das Madonnenbild, das heute in Stuppach hängt. Das Wunder war auf dem rechten Flügel dargestellt, dieser befindet sich heute im Augustinermuseum in Freiburg.

STIFTSMUSEUM

Für weitere wichtige Werke ist das Stiftsmuseum zu besuchen. Seit 1861 befindet es sich im Kapitelhaus, das infolge der Säkularisation des Stifts nicht mehr benötigt wurde.

Im zweiten Stock befinden sich im Raum links der Treppe die großen Tafeln mit der Auferstehung Christi und Heiligen vom Magdalenenaltar von Lukas Cranach dem Älteren von 1525, die in der Stiftskirche nur noch in Kopien zu betrachten sind. Dann führt der Weg in den Raum rechts der Treppe: Die mittelrheinische Tafel der Zeit um 1240 bis 1250 zeigt den thronenden Christus, der von den Fürbittern Maria und Johannes dem Täufer umrahmt wird. Diese Deesis wird außen links von Petrus, der wie im Tympanon der Stiftskirche zwei gewaltige Schlüssel hochhält, und rechts von Alexander, von dem nur noch Spuren der päpstlichen Gewandung erhalten sind, flankiert. Die Tafel war das einstige Hochaltarretabel, das erst vor wenigen Jahren

Aschaffenburg, Reliquiar Petri als Papst

genau in diesem Raum als wiederverwendete Fußbodenbohle entdeckt wurde. Es gehört zu den ganz frühen Retabeln in Deutschland und reflektiert in Anordnung und Ikonographie das Tympanon.

Vor dieser Tafel wurden im 15. Jahrhundert die Büsten von Papst Alexander (MSA Dep. KKPA 5/2009) und Petrus (MSA Dep. KKPA 10/2009) als Papst aufgestellt. Solche Kopfreliquiare verdeutlichten die Gegenwart der Heiligen und waren auf der Mensa des Hochaltars aufgestellt. Die ältere Büste, eine mittelrheinische Arbeit um 1410 bis 1420, enthält die Schädeldecke von Papst Alexander. Um sie zu zeigen, kann die Papstkrone nach hinten weggeklappt werden. Der unbekannte Silberschmied zeigt einen Heiligen im himmlischen Glanz: jugendlich und lebensnah mit kostbar verziertem Amikt und Pallium sowie einer großen Mantelschließe mit Stein und Engel. Seinen Goldglanz erhielt die in Silber getriebene Büste durch Feuervergoldung. Aus Gründen der Symmetrie sollte wohl auch von dem zweiten Patron eine Büste auf dem Altar stehen. Allerdings enthält sie keine Reliquie. Sie fertigte Hans Dirmstein, wie auf der Rückseite zu lesen ist: »Dieses Haupt habe ich, Hans Dirmstein, gemacht. Zu Frankfurt im Jahr 1473«. Damit ist die Büste das älteste datierte Werk eines Silberschmieds in Frankfurt. Petrus ist betagt dargestellt; Pallium, Amikt und Kasel betonen das priesterliche Amt des Papstes, die Tiara seine herrscherliche Macht. In die Mantelschließe ist eine Marienfigur eingesetzt. Ob sich die Silberschmiede an tatsächlich vorhandenen Papstkronen orientierten, ist unklar, doch wahrscheinlich.

Zwischen den beiden Büsten wird in der Vitrine ein »Sakristeikreuz« aus der ersten Hälfte des 15. Jahrhunderts gezeigt (MSA Dep. KKPA 8/2009). In der Anordnung mit Medaillons von Sonne und Mond über Christus wirkt es altertümlich. An den Aufweitungen des Querbalkens sind die hl. Päpste Petrus und Alexander dargestellt, wobei Petri Handgeste und die gewaltigen aufgerichteten Schlüssel an die Hochaltartafel erinnern. Das Kreuz wurde sicherlich als Vortragekreuz verwendet und zeigt erneut, welche Bedeutung man den beiden päpstlichen Patronen beimaß.

Aschaffenburg, Schloß

Spannend ist die Schatulle aus Elfenbein aus dem Stift St. Martin in Worms (-> Worms), ein ehemaliges Schreibkästchen (MSA Dep. KKPA 16/2009). Sie wurde 1270/80 im Rheinland hergestellt und enthält einen Gewandrest des ersten Bischofs von Mainz, des hl. Aureus, der in der ersten Hälfte des 5. Jahrhunderts wirkte. Dieser Rest wird allerdings um 1100 datiert. Außerdem wurde in dieser Schatulle die Stola des hl. Martin verwahrt (MSA Dep. KKPA 14/2009). Sie gilt als deutsche Arbeit um 1000. Sie besteht aus rot und blau gefärbter Seide, in die mit Goldfäden Fürbitten eingestickt sind. Die Schatulle mit der Stola ist ein Geschenk eines in Aschaffenburg geborenen Kanonikers an den Stiftsschatz nach der Säkularisation, als St. Martin in Worms aufgelöst wurde.

Beim Weg durchs Museum begegnen die Stiftspatrone noch zwei weitere Male. Im Neuen Kapitelsaal des Stiftsgebäudes zeigt eine Stuckdecke aus dem 17. Jahrhundert die vier Kirchenväter; die großen mittleren Plafonds zeigen Petrus und Papst Alexander. Im anschließenden schmalen Raum sind zwei sehr schöne, farbig gefasste Lindenholzfiguren der Zeit um 1500 präsentiert: die linke stellt Petrus dar, allerdings nicht als Papst, die rechte Alexander mit Tiara, Pluviale und Pedum.

WEITERE SEHENSWÜRDIGKEITEN

Der romanische Kreuzgang, der 1220–1250 datiert wird, zeigt engste Verwandtschaft zum Atrium der Kirche; er ist allerdings

Aschaffenburg, Pfaffengasse

nur Samstag und Sonntag von 13–17 h geöffnet. Eines der ältesten Fachwerkbauten der Stadt ist der ehemalige Stiftshof »Zur Starkenburg«. Er befindet sich in der Pfaffengasse, schräg gegenüber der Jesuitenkirche. Bis 1803 war die Johannisburg die zweite Residenz der Mainzer Kurerzbischöfe. Die gewaltige Vierflügelanlage, die auf einer Mainterrasse liegt, wurde 1605–1614 anstelle der mittelalterlichen Burg errichtet und ist ein bedeutendes Renaissance-Schloss. Bauherr war Erzbischof und Kurfürst Johann Schweikhard von Kronberg, Baumeister war Georg Ridinger aus Straßburg. Die Prunkräume im Innern sind im Rahmen einer Führung zu besichtigen. Lohnend sind außerdem im Schloss die Staatsgemäldesammlung (der größte Bestand an Gemälden außerhalb Münchens), die weltweit umfangreichste Sammlung an Architekturmodellen aus Kork und die Schlosskirche.

AUGSBURG

Die Lage der Stadt an einem Kreuzungspunkt seit der Antike bestehender Fernverbindungen, gerade auch nach Italien, und die kirchlich-politische Bedeutung der Stadt würden zahlreiche päpstliche Besuche erwarten lassen. Überliefert sind jedoch nur für 1049 der Aufenthalt von dem bereits in Worms gewählten **Papst LEO IX. (1049–1054)** und für 1782 der Besuch von **Papst PIUS VI. (1775–1799)**.

In der Zeit von Augustus um 15 v. Chr. wurde am Ort des heutigen Augsburg ein Militärlager (castrum augusti) eingerichtet. Die von Süden aus Italien kommende via Claudia kreuzte sich hier mit der von Gallien kommenden Fernverkehrstraße. Daher war die Stadt für den Handel prädestiniert. Um etwa 98 n. Chr. wurde Augsburg zur Provinzhauptstadt, bis ihr im 5. Jahrhundert Alamannen und Sueben ein Ende bereiteten. Im Gegensatz zu anderen mittelalterlichen Städten römischen Ursprungs schreibt sich der antike Straßengrundriss im mittelalterlichen Augsburg nicht fort. Gefunden wurden viele römische Spolien, die heute in der sogenannten Römermauer am Dom vermauert sind und in ihren figürlichen Darstellungen auf Augsburgs Stellung als Handelsplatz verweisen. In der Römermauer sind Reliefs mit Fuhrwerken mit Stoffballen oder Fässern zu erkennen. Hier ist auch der Pinienzapfen zu sehen, der häufig auf Grabmonumenten angebracht war und Glück für die Verstorbenen bedeuten sollte. Er ziert bis heute das Augsburger Stadtwappen.

Der Übergang von der Antike zum Mittelalter war wahrscheinlich fließend: Christen lebten hier bereits ab dem 3. Jahrhundert; 304 wurde die Christin Afra auf der Lechinsel verbrannt und so zur Märtyrerin. Schon in spätrömischer Zeit gab es hier einen Bischofssitz.

Zentrum dieses ersten bischöflichen Bezirks war das Gebiet um den heutigen Dom. Ein zweites christliches Zentrum bildete sich im Bereich der heutigen Kirche St. Ulrich und Afra aus, und zwischen beiden verlief eine Art Pilgerstraße. Diese beiden Pole

mit der Maximilianstraße als Verbindungsachse bestimmen bis heute die Stadtanlage.

Die christliche Infrastruktur Augsburgs war wohl der Grund, weshalb sich **Papst GREGOR III. (731–741)** 738/39 an Bischof Wikterp von Augsburg wandte: In Augsburg sollte durch den Apostel der Germanen, den hl. Bonifatius, eine Synode einberufen werden. Über das Aussehen der ältesten Bischofskirche gibt es durch Grabungen und erhaltene Fragmente allerdings erst ab der Zeit von Bischof Simpert, unter dem 807 die Weihe des Doms stattfand, Anhaltspunkte.

In ottonischer Zeit sammelten sich in Augsburg Panzerreiter und Heere, bevor sie nach Italien zogen. Als Leo IX. sich 1049 zu seiner Papsterhebung nach Italien begab, verbrachte er in Augsburg gemeinsam mit Heinrich III. Mariae Lichtmess, den 2. Februar, also das Ende des Weihnachtsfestkreises. Hohe geistliche und weltliche Würdenträger verbrachten damals hohe Kirchenfeste gern in Klöstern oder an Bischofssitzen.

DOM

Die Außenansicht verrät eine Entstehung in mehreren Bauphasen. Im Osten ragt der spätgotische Hochchor auf, der ab 1356 zwischen die beiden deutlich älteren Türme gesetzt ist. Es folgt ein massives basilikales Mittelschiff und der Westchorbereich. Durch das Südportal von etwa 1370 mit schweren Türflügeln mit Türziehern der Zeit um 1200 in Form von Löwenköpfen – die Originale sind im Diözesanmuseum – gelangt man in das Innere. Ungefähr hier liegt der Ostabschluss der ottonischen Bischofskirche. Der Rundgang zu den ältesten Teilen des Domes führt unter den Westchor. Die Krypta mit dem Grab des 807 verstorbenen Bischof Simpert in der Vierung der Krypta ist karolingisch. In der westlichen Apside steht ein Altar, der eine Mensa mit Flechtbanddekor aufweist, die in die Zeit um 800 gesetzt werden kann. In der rechten Apside befindet sich eine Sitzfigur eines hl. Petrus mit dreireifiger Tiara, eine schöne spätgotische alpenländische

Augsburg, Dom

Schnitzarbeit. Für die östliche Apside hat Prälat Alois Haas im Jahr 2002 eine romanische Madonna der Zeit um 1300 gestiftet. Eindrucksvoll ist der Weg durch das mit Flechtornamentik gerahmte Portal in die Säulenhalle der etwas jüngeren Vorkrypta. Treppen führen hinauf an den nicht für Besucher zugänglichen Westchorbereich. Der karolingische Dom stürzte 994 ein. Der Neubau zog sich von 995 bis ins Jahr 1065 hin. Dieser Epoche gehören Westchor, Westquerhaus und Langhaus an. Im Scheitel des Westchores ist ein Bischofsstuhl mit einer massiven halbrunden Lehne aufgestellt, der ins 11. Jahrhundert gesetzt wird und der auf zwei Löwen ruht. Er erinnert an solch einen steinernen Stuhl in St. Emmeram in Regensburg und rezipiert italienische Bischofsstühle. Möglicherweise war dieser Thron bereits in die Feierlichkeiten von Mariae Lichtmess 1049 eingebunden. Der basilikale Aufriss des Langhauses und die Wandmalereien mit Mäandern und Medaillons mit Köpfen geht auf die ottonische Zeit zurück. Die Idee der Medaillonbildnisse könnte von den Papstreihen in Alt-St. Peter und St. Paul vor den Mauern in Rom inspiriert sein. Eine absolute Rarität sind die fünf Buntglasfenster im Obergaden aus dem frühen 12. Jahrhundert. Dargestellt sind fünf stehende Prophetenfiguren, die archaisch anmuten. Auf den Spuren der Päpste fällt auf dem Weg nach Osten vor der Vierung noch der erste Altar links im Mittelschiff vor der Vierung auf: er ist **Papst GREGOR dem Großen** geweiht. Im Umgang des Ostchores steht in der Antoniuskapelle ein Altar der Zeit um 1500 mit neogotischen Ergänzungen, dessen Mittelfigur eine stehende Madonna ist. Zu ihren Seiten befinden sich zwei Päpste, die ohne weitere Attribute dargestellt sind und daher nicht einfach identifiziert werden können. Vielleicht sind die ganz außen gezeigten Bischöfe Wolfgang und Ulrich ein Indiz dafür, dass Papst Leo IX. und Papst Gregor der Große gemeint sind (-> Andechs). Ungefähr gegenüber unter der südlichen Orgel finden wir eine große Tafel, die an den Besuch von **PIUS VI.** 1782 erinnert.

An den Besuch des Domes ist ein Rundgang durch den Kreuzgang anzuschließen. Wählt man das Portal in den westlichen

Kreuzgangflügel, so findet sich hier eine Portaleinfassung mit Akanthusornament, wie dieses Gewächs in ottonischer Zeit stilisiert wurde. Der Kreuzgang spiegelt par excellence seine Funktion als Begräbnisort der Stiftsgeistlichkeit. Selten haben sich so viele Epitaphien wie in Augsburg erhalten: es sind 423, im Wesentlichen spätgotische Grabsteine. Vom Kreuzganggarten hat man einen vorzüglichen Blick auf die ottonischen Domtürme. Aus dem Kreuzgang gelangt man auch direkt in das Diözesanmuseum.

DIÖZESANMUSEUM

Nach seiner Restaurierung wurde das Bronzeportal aus der ersten Hälfte des 11. Jahrhunderts (DMA 3104), das durch Umwelteinflüsse stark gelitten hatte, nicht mehr zurück in den Dom, sondern in das Diözesanmuseum in Raum 1 verbracht. Es besteht aus 35 Bronzereliefs, die auf zwei Holzflügel genagelt und zu einem komplexen, aber noch nicht erklärten ikonographischen Programm zusammengefügt sind. Szenen aus der Genesis sind mit als Vorläufer Christi geltenden Personen aus dem Alten Testament und Darstellungen der mittelalterlichen Tiersymbolik verbunden. Wie oft in der ottonischen Kunst sind die Figuren vor den abstrakten leeren Raum gesetzt. Hergestellt wurden die Türen in dem seit der Antike bekannten Wachsausschmelzverfahren. Art und Ausführung erinnern an entsprechende italienische und byzantinische Bronzeportale, wie z. B. das, das 1066 nach Amalfi kam, während die Beispiele in Aachen (-> Aachen), Mainz (-> Mainz) und Hildesheim aus einem Stück gegossen wurden. Das Portal war für den 995–1006 erbauten ottonischen Dom gedacht, sein ursprünglicher Anbringungsort ist allerdings nicht ganz sicher. Vielleicht waren es auch zwei Türen, die zu beiden Seiten der östlichen Mittelapsis eingesetzt waren.

In Raum 2 im Diözesanmuseum hat sich ein Paar rote Papstschuhe erhalten (DMA 5023). Auf den Besuch von Papst Pius VI. bereitete sich Augsburg nach allen Regeln der Kunst vor und

fertigte 1782 für diesen Anlass sogar rote Schuhe in Seidensamt. Linker und rechter Schuh sind noch nicht unterschieden. Für das Festbankett hatte eine Bankiersfamilie ihr Tafelsilber zur Verfügung gestellt und wollte als Anerkennung dafür eine persönliche Erinnerung an den Papst. So verblieben die Schuhe in Augsburg und kamen über Umwege ins Museum.

WEITERE SEHENSWÜRDIGKEITEN

St. Ulrich und Afra

Die heutige Stadtpfarrkirche war 1012 bis 1802 Klosterkirche einer Benediktinerabtei, die über den Gräbern der Märtyrerin Afra und des bedeutenden Bischofs Ulrich (923–973) errichtet wurde. Er hatte sich 955 in der Ungarnabwehr erfolgreich hervorgetan. Als diese die Kirche der hl. Afra zerstört hatten, ließ Bischof Ulrich die Kirche wiederherstellen. Ulrich gilt als der erste heilige Bischof, für den es ein päpstliches Kanonisierungsverfahren gab. Am 3. Februar 993 soll **Papst JOHANNES XV. (985–996)** den Status beurkundet haben. St. Ulrich und Afra ist seit dem 4. Juli 1937 eine päpstliche Basilika.

Die Kirche selbst stammt aus späteren Epochen: 1474–1500 wurde das Langhaus errichtet, dann ging der Bau bis 1537 nur stockend weiter. Nach einer längeren Unterbrechung wurde zur 1300-Jahr-Feier der hl. Afra der Chor fertiggestellt und bis 1607 mit drei neuen Altären versehen. Im Grundriß wird ein dreischiffiges Langhaus zu sieben Jochen mit fast quadratischer Vierung erkennbar. Die Querhausarme bleiben in der Flucht der Seitenschiffe. Der Chor mit 5/8-Schluss ist vierjochig. Der im Aufriss basilikale Kirchenbau gilt als letzte große Leistung spätgotischer Kirchenbaukunst in Schwaben. Die Architektur ist auf die Heiligengräber hin ausgerichtet. Sie sind über die Unterkirche, die in der heutigen Form 1962 angelegt wurde, zugänglich. In einer Nische der Unterkirche befindet sich der spätantike Steinsarkophag, in dem Afra ursprünglich beigesetzt war. Die Rokokokapelle markiert das Grab Ulrichs. Der Augsburger Bildhauer

Placidus Verhelst schuf 1762/65 die ausdrucksstarke Liegefigur des hl. Ulrich. Im neu eingerichteten Heiltumsschatz, in ihn gelangt man über die Pietàkapelle, sind Textilien des 10. Jahrhunderts, die mit dem hl. Ulrich in Verbindung stehen (Kasel, Dalmatik, Manipel), und der Stab von Bischof Reginbald aus dem 11. Jahrhundert ausgestellt, der als Abt von Lorsch das Kloster Michaelsberg auf dem Heiligenberg in Heidelberg (-> Heidelberg) gegründet hatte und Bischof in Augsburg und Speyer war. Zurück in der Kirche fällt der Blick erneut auf die drei großen Altäre des frühen 17. Jahrhunderts aus der Schnitzwerkstatt von Hans Degler. Der mit 23,5 m ungewöhnlich hohe Hochaltar hat das Weihnachtsfest zum Thema. Der Afraaltar auf der linken Seite zeigt in thematischer Verbindung zur Feuermarter Afras das Pfingstereignis und der Ulrichsaltar auf der rechten Seite die Auferstehung Christi an Ostern. Papst Pius VI. feierte am Hochaltar der Kirche am 4. Mai 1782 das Messopfer. Daher ist am Anfang des Chores ein Brustbildnis des Papstes von Franz Joseph Degle aufgehängt. Bemerkenswert ist auch die anrührende Madonna, die Gregor Erhart um 1500 geschnitzt hat und die am linken Vierungspfeiler steht.

Palais Schaezler

Weltweit einmalig sind die Darstellungen der sieben römischen Hauptpilgerkirchen, die sich in der Staatsgalerie Alte Meister in Augsburg befinden. Sie wurden 1499 bis 1504 von Hans Holbein d. Ä., Hans Burgkmair d. Ä. und dem sogenannten Meister L.F. angefertigt. Sie waren im Kapitelsaal des in der Säkularisation aufgelösten Augsburger Dominikanerinnenklosters St. Katharina angebracht und dort in die spitzbogigen Stichkappen des Gewölbes eingefügt. Die Töchter reicher Augsburger Patrizierfamilien hatten den Zyklus gestiftet. Grund war ein ungewöhnliches Privileg von **Papst INNOZENZ VIII. (1484–1492)** aus dem Jahr 1487. Es ermöglichte den Nonnen, durch den Besuch dreier von der Priorin zu bestimmender Orte innerhalb der Klausur und durch das Beten von drei Vater unser und drei Ave Maria denselben Ablaß zu gewinnen wie

Augsburg, St. Ulrich und Afra

Augsburg, Staatsgalerie, Petersdom aus den Basilikabildern

die Rompilger, die die sieben Hauptkirchen in Rom selbst besucht hatten. Aus Platznot kamen San Lorenzo fuori le mura und San Sebastiano gemeinsam in eine Stichkappe. Diese sogenannten Basilikabilder, Spitzenwerke der Malerei der Dürerzeit, zeigen eindrucksvoll das Leben in den römischen Kirchen, so wie es sich die Maler damals vorstellten oder kannten, und verbanden die Pilgerkirche mit anderen Heiligendarstellungen. So ist das Bild »Basilica di San Pietro« beispielsweise mit der Szene Christus am Ölberg und den 14 Nothelfern kombiniert. Der aufmerksame Betrachter bemerkt eine Fülle an Bezügen auf Alt-St. Peter. Wie die Bronze-Figur des Petrus aus dem späten 13. Jahrhundert im Petersdom den Fuß zur Verehrung darbietet, so schaut beim Petrus in Burgkmairs Gemälde der rote Schuh hervor. Petrus ist als zeitgenössischer Papst mit den entsprechenden Insignien dargestellt. Die Kirchenfassade von Alt-St. Peter hat der Maler so wiedergegeben, als ob an ihr ein Mosaik angebracht war. Auch die Goldene Pforte, die **Papst ALEXANDER**

VI. (1492–1503) 1499 für das anstehende Jubeljahr umgestalten ließ, gibt Burgkmair als Renaissancepforte wieder. Im Inneren zeigt er eine gedrehte Säule, deren zwei tatsächlich damals nahe der Pforte aufgestellt waren. Obwohl Burgkmair nicht selbst Rom gesehen hatte, war er sehr gut informiert.

INFO Bereits ein Jahr vor der Eröffnung der Pinakothek in München am 12. Oktober 1835 wurde die Gemäldesammlung im Palais Schaezler im ex-Katharinenkonvent in Augsburg eingeweiht. Die Idee kam von Johann Christian von Mannlich (1741–1822). Er wollte hier die reiche Sammlung an Gemälden von Zweibrücken, Düsseldorf und Mannheim versammeln. Heute, ergänzt um Gemälde aus der Städtischen Sammlung Augsburg, ist sie eine der bedeutendsten Sammlungen altdeutscher Malerei. Die Basilikabilder können damit fast am Ort ihrer Entstehung gezeigt werden, da Räume des säkularisierten Katharinenklosters für die Sammlungen der Staatsgemäldesammlung zur Verfügung stehen.

Palais Schaezler
Maximilianstr. 46, Augsburg

Rote Schuhe für einen Papst

Kostbar und aufwendig gearbeitete Schuhe in roter Farbe, auf Purpur anspielend, waren seit der Antike ein Vorrecht hochrangiger Persönlichkeiten. Dies Vorrecht gemeinsam mit anderen Insignien weltlicher Würdenträger verlieh Kaiser Konstantin an die Bischöfe. Sie sind die älteste bischöfliche Insignie und wurde erst mit dem Zweiten Vaticanum abgeschafft (-> Speyer - Hauenstein).

BAMBERG

Spuren der Päpste sind in Bamberg im 11. Jahrhundert zu verfolgen. Zunächst war es **Papst BENEDIKT VIII. (1012–1024)**, der gelegentlich seines Zusammentreffens mit Kaiser Heinrich II. in Bamberg die Thomaskapelle und St. Stephan einweihte. Benedikt suchte den Kaiser auf, um von ihm militärische Hilfe zu erhalten gegen die byzantinische Expansion in Süditalien. Er weilte von Gründonnerstag bis zum Sonntag nach Ostern des Jahres 1020 in Bamberg. Etwa zwei Jahrzehnte später wurde Bischof Suitger von Bamberg zum Papst gewählt. Er bestieg als **Papst CLEMENS II. (1046–1047)** den Stuhl Petri, fühlte sich aber seinem Bistum so stark verbunden, dass er nach seinem Tod im Bamberger Dom begraben werden wollte. Das Clemensgrab ist das einzige Papstgrab in Deutschland. 1052 kam **Papst LEO IX. (1048–1054)** nach Bamberg und stellte zwei Urkunden aus, mit denen Besitzungen, der Domschatz und Vorrechte bestätigt wurden, weil Bamberg einen verstorbenen Papst beherberge. Zu den Vorrechten gehörte das Tragen der Mitra am Sterbetag von Clemens oder des Palliums an Peter und Paul. Außerdem darf Bamberg für sich den Besitz verschiedener **Papstreliquien** beanspruchen und eine besondere Verehrung von **Papst URBAN I. (222–230)**.

Die meisten Besucher Bambergs nähern sich der Stadt vermutlich aus östlicher Richtung und haben damit den Blick auf die sieben Hügel mit ihren Kirchen. Stadtgestalt und Kirchenlandschaft haben dem Ort schon früh den Namen ›zweites Rom‹ eingebracht.

Auch Papst Benedikt näherte sich der Stadt von Osten und überquerte die Regnitz im Bereich der heutigen Oberen Brücke. Pfeilerstümpfe und Substruktionen der damaligen Brücke haben sich noch im Keller der Rathausschänke erhalten und können dort besichtigt werden. Ungefähr in diesem Bereich war der erste der vier Chöre aufgestellt, die den Summus Pontifex mit Gesang empfingen. Der Zeitgenosse und Kleriker Bebo berichtet vom Einzug Benedikts am Gründonnerstag 1020 – übrigens die erste Erwähnung des Bamberger Domchors: Vier Chöre empfingen

den Papst diesseits und jenseits der Regnitzbrücke, am Tor der Burg und im Atrium des Doms, wo ihn der Kaiser erwartete. Im Dom betete der Papst an drei verschiedenen Altären, nahm dann auf der Bischofskathedra Platz. Danach sang der Klerus das »Te Deum« und das »Kyrie eleison«. Nach dem »Gloria« holte der Papst die Büßer in die Kirche ein. In Anspielung auf Christus und die zwölf Apostel assistierten dem Papst zwölf Bischöfe bei der Weihe von Chrysam und Öl. Ein Papstbesuch dürfte eine große

Bamberg, Rathausschänke

Bamberg, Dom

Auszeichnung für das noch junge Bistum Bamberg gewesen sein. Heinrich II. hatte auf einer Synode in Frankfurt 1007 die Gründung des Bistums Bamberg erwirkt.

Den Weg, den Benedikt von der Brücke aus nahm, markiert heute die Karolinenstraße. Substruktionen und Mauern am Domberg lassen erahnen, wo das Burgtor lag. Der Dombezirk war über viele Jahrhunderte eine eigene Verwaltungseinheit, eine sogenannte Immunität. Von dem Dom, den Papst Benedikt betrat, sind nur noch geringe Teile erhalten.

DOM

Der ottonische Dom war wie der heutige eine doppelchörige Anlage mit zwei Krypten. 1004 erfolgte die Grundsteinlegung durch Kaiser Heinrich II., 1012 konnte er bereits zu Ehren des hl. Petrus und des hl. Georg eingeweiht werden. Der Grundriss dieses Baus ist durch Ausgrabungen und Bauforschungen weitgehend gesichert. Ungewöhnlich gut sind die Reliquien bekannt, die in die Altäre eingelegt wurden. Demnach kamen an Petrus- und Papstreliquien die folgenden in den Dom: in den Choraltar ein Stück der Kette Petri, der ganze Körper des hl. **Papstes GAIUS (283–296)**, in den südlichen Seitenaltar, den Erzbischof Heribert von Köln weihte, vom Stab des hl. **Petrus (+67)** und in den Kreuzaltar Gebeine von **Papst STEPHAN I. (254–257)**. Im Abstand von etwa 100 Jahren wurde die Kirche zwei Mal von Feuer heimgesucht: zunächst 1081, dann nach einem raschen provisorischen Wiederaufbau im Jahr 1185 erneut. Daher kam es zu dem umfangreichen Neubau des 13. Jahrhunderts. Mit seinen vier Türmen, zwei Chören und zwei Querhäusern ist er das von weitem bereits die Silhouette Bambergs bestimmende Bauwerk.

Stilistisch ist ein Wechsel zwischen dem älteren Ostchor und Portalen mit Klötzchen- und Zackenfriesen und dem jüngeren Westchor mit gotischen Formen, die von einer zisterziensischen Bauhütte aus Ebrach geprägt sind, festzustellen. Auch bei den Türmen macht sich der Einfluss der aus Frankreich kommenden

Gotik bemerkbar. Für die Tabernakel werden immer wieder die Türme der Kathedrale von Laon zum Vergleich herangezogen. Der Dom hat in seiner Ausrichtung auf den Platz drei große Portale. Das Fürstenportal stellt die Verbindung zur Alten Hofhaltung her, der bischöflichen, später fürstbischöflichen Residenz – daher sein Name. Der herausragende Figurenschmuck der Zeit um 1230 zeigt in den Gewänden Apostel auf den Schultern von Propheten und hat dadurch den Sieg des Neuen Bundes über den Alten zum Thema. Im Tympanon befindet sich eine Darstellung des Jüngsten Gerichts. Geradezu naturnah-expressiv ist die Gestik sowohl der Verdammten auf der einen Seite, als auch der selig lächelnden auf der anderen Seite wiedergegeben. Ergänzt wurde das Programm durch die Figuren der Ecclesia und Synagoge, also Personifikationen der neuen und der alten Kirche (die Originale stehen heute im Innern des Doms an der Südseite des Georgschores). Hier ist deutlich der Einfluss der gotischen Skulpturen aus Reims zu spüren. Links des Ostchores befindet sich das Adamsportal, rechts die Gnadenpforte, durch die an Ostern die Büßer in die Kirche eingelassen wurden – das Zeremoniell, das 1020 Papst Benedikt ausführte. Im 13. Jahrhundert wurde für das Tympanon ein Programm entworfen, das Maria, die Dompatrone Petrus und Georg, Heinrich und Kunigunde und die Bischöfe Poppo und Ekbert von Andechs-Meranien zeigt (-> Andechs).

Betritt man das nördliche Seitenschiff, so stößt man an den Chorschranken auf die herausragenden Skulpturen der gleichsam aus den Reliefs heraustretenden Apostel und Propheten der Zeit um 1230. Mehrere Skulpturen höchster Qualität, die sicher einst in anderem Kontext waren, sind hier aufgestellt, darunter die Figur von **Papst CLEMENS II.** aus grünlichem Mainschilfsandstein. Der Papst ist im vollen liturgischen Ornat gezeigt: Er trägt Albe, Dalmatik, Kasel, Amikt, Handschuhe und eine altertümlich konisch zulaufende Tiara. Das Rationale gehört nicht zur päpstlichen Gewandung; es verweist auf die priesterlichen Funktionen und war, wenn es verliehen wurde, eine besondere Auszeichnung. Der Papst ist auf einem Kissen liegend dargestellt und man erkennt die Rückplatte, die in die Wand gesetzt wurde. Daher ist zu Recht

davon auszugehen, dass diese Liegefigur in irgendeiner Form zu der fast gleichaltrigen Clemenstumba im Westchor gehört. Auf dem Weg zur Tumba fällt der Blick auf eine weitere weltberühmte Plastik, den Bamberger Reiter. Diese sehr unterschiedlich identifizierte Figur gehört ebenfalls der Gruppe der Skulpturen um 1230 an. Vorbei am Weihnachtsaltar von Veit Stoß gelangt man im Rahmen einer Führung von der Seite in den Westchor zum Papstgrab. Die Tumba aus Marmor ruht auf einem Sockel aus Schilfsandstein. Basen für ein einstiges Baldachin zeigen naturalistisches Laubwerk, das den Sockel in das zweite Viertel des 13. Jahrhunderts

Bamberg, Dom, Papst Clemens II.

datieren lässt. Die Tumba trägt an allen vier Seiten figürliche Reliefs. Sie zeigen an den Längsseiten vier Frauen, die die volle Plattenhöhe ausschöpfen. Durch ihre Attribute sind sie als die vier Kardinaltugenden zu identifizieren: Justitia mit Schwert und Waage, Temperantia mit zwei Krügen beim Mischen von Wasser und Wein (neben ihr ein Flußgott in Rückenansicht) – gegenüber Fortitudo mit dem Löwen und Prudentia mit dem Drachen. Auf der einen Schmalseite ist eine bärtige Figur mit einer Scheibe mit dem Lamm Gottes dargestellt, die meist als Johannes der Täufer interpretiert wird. Das Relief der östlichen Schmalseite zeigt einen Mann auf einem Bett mit der gleichen Tiara und den gleichen Locken wie die Papstfigur am Ostchor. Hinter ihm erscheint ein Engel. Diese Szene wird meist als Tod des Papstes gedeutet. Die Marmorplatte, die heute auf der Tumba liegt, trägt eine Inschrift des frühen 17. Jahrhunderts. Das Clemensgrab musste aus dem Heinrichsdom in den Neubau des 13. Jahrhunderts transferiert werden. Dabei gab es sicher Veränderungen, und es lässt sich nicht mehr eindeutig rekonstruieren, in welchem Kontext die Tumba im Westchor und die Liegefigur an einem Pfeiler im Bereich des Ostchores im 13. Jahrhundert standen. Vielleicht waren sie auch beide in ein Baldachingrabmal integriert oder zumindest dafür vorgesehen. Bei den neuesten Untersuchungen wurde zumindest bestätigt, dass sich der Sandsteinsockel der Tumba an seinem originalen Standort und auf dem originalen Niveau befindet. Der vornehmste Platz für eine ranghohe Person und deren liturgische Memoria ist der Westchor. Um zu verhindern, dass das Grab während des Zweiten Weltkriegs Schaden nahm, wurde es 1942 abgebaut. 1947 wurden die Gebeine in der wieder aufgestellten Tumba wiederbestattet, die Grabbeigaben in den Domschatz überführt, die heute im Diözesanmuseum präsentiert werden. Auf dem Weg ins Diözesanmuseum ist vor dem Ostchor noch das Kaisergrab, ein bedeutendes Werk von 1499–1513 aus der Werkstatt Tilman Riemenschneiders aufzusuchen. Auf der Deckplatte ist das heilige Kaiserpaar dargestellt. Heinrich ist der einzige Kaiser des Mittelalters, den ein Papst heiligsprach. Dies geschah 1146 durch **Papst EUGEN III. (1145–1153)**. Kunigunde wurde im Jahr 1200, vor allem im Hinblick auf das Pflugscharwunder, durch das sie ihre Keuschheit erwies, von **Papst INNOZENZ III. (1198–1216)** heiliggesprochen. Dieses Gottesurteil ist auf einer der Reliefplatten dargestellt. Eine zweite zeigt Kunigunde, wie sie die Bauleute von St. Stephan bezahlt. Bei Heinrich sind Szenen ausgewählt, die sich auf sein Sterben beziehen: die Heilung vom Steinleiden durch den hl. Benedikt, Heinrichs Tod und die Seelenwägung. Extrem realistisch und detailreich, sogar ergreifend sind die Begebenheiten wiedergegeben, wenn man z. B. Kunigunde studiert, die sich mit einem Tuch die Tränen trocknet.

DIÖZESANMUSEUM

Der Domkreuzgang wird als Lapidarium genutzt, in dem einige originale Skulpturen wettergeschützt aufgestellt sind. Im ersten Obergeschoß folgen nach den herausragenden Kaisermänteln kleinere Räume. Im hintersten Raum sind die Funde aus dem Clemensgrab präsentiert. Beim Eintreten fällt der Blick auf die goldgelbe Kasel und Dalmatik, dann gegenüber auf die Pontifikalstrümpfe und das rötliche Pluviale. Bisher werden die Stoffe, byzantinische Seidensamite, in das 11. Jahrhundert eingeordnet. Bei genauerem Hinsehen sind in den Seiden Unterschiede festzustellen: Die Strümpfe zeigen Kreismedaillons mit Greifen und Panthern (DMB Inv.-Nr. 2728/3–10). Die Dalmatik (DMB Inv.-Nr. 2728/3–11) wurde aus einem ungemusterten gelben Seidensamit, der vermutlich in Byzanz in der ersten Hälfte des 11. Jahrhunderts hergestellt wurde, gefertigt. Nur die inneren Besätze an den Säumen und am Halsausschnitt zeigen in Resten große Kreismedaillons. Die Kasel (DMB Inv.-Nr. 2728/3–15), die über der Dalmatik getragen wurde, ist mit einem Spitzovalornament gemustert. Das Pluviale (DMB Inv.-Nr. 2728/3–9), ein Chormantel, und daher von erstaunlich geringer Größe, nimmt mit dem Rotton auf die Farbe der päpstlichen Insignien Bezug. Das Gewebe ist mit Reihen versetzter Kreise gemustert, in die jeweils abwechselnd zwei Panther und zwei Greifen gestellt sind. Hier ist auch der komplett

Bamberg, Dom, Clemensgrab

erhaltene Schleier ausgestellt. In einer langen flachen Vitrine sind noch Zingulum, Stola, Pallienkreuze, Fransen der Mitra, Haare, ein Grabkelch, die Medaillons der Pontifikalhandschuhe und Fragmente von dem Kopfkissen zu finden. Ein vor 1047 zu datierender Ring aus dem Grab von Clemens gilt seit 1947 als verschollen. Die Ausstattung spiegelt sehr gut den Papstornat wider, wie ihn auch die Skulptur von Papst Clemens im Bereich der östlichen Chorschranken im Dom zeigt. Selbst wenn die Datierung einzelner Textilien in Frage gestellt wird, zeigt die Vollständigkeit des Ornats doch, welch hohe Bedeutung dem Bamberger Papst beigemessen wurde. Das Grab wurde mehrmals geöffnet: 1942, 1731 und mindestens beim Domneubau im 13. Jahrhundert. Vielleicht hatte man damals alt anmutende Gewebe hineingelegt. Die einfarbigen goldgelben Seidenstoffe erinnern sehr an die anderer großer Reichsbischöfe, wie z. B. des Willigis von Mainz. Die Schichtung der Textilien, die bei der letzten Öffnung vorgefunden wurde, lässt auch nicht annehmen, dass der einbalsamierte Körper des Papstes damit eingekleidet war.

Im Raum davor sind Reliquien ausgestellt, die deutlich machen, dass es in Bamberg eine Vielfalt päpstlicher Bezüge gibt. Hier findet sich das sogenannte Messer Petri mit Scheide (DMB Inv.-Nr. 2721/22 und 23). Das schlichte Messer aus Eisen mit einem Griff aus Horn wird ebenso wie die zugehörige Scheide aus

Bamberg, Diözesanmuseum, Schwert von Papst Hadrian

Elfenbein in die erste Hälfte des 8. Jahrhunderts datiert. Es handelt sich um ein kostbares Messer: Denn die Flechtknotendekoration der Scheide zeigt angelsächsischen Einfluss. Den Rücken ziert Silberfiligran mit roten und grünen Zellenschmelzeinlagen. Das Messer scheint zwar bereits 1127 im Domschatzinventar erwähnt, ausdrücklich mit Petrus verbunden wird es aber erst im Inventar von 1430 »San[k]t Peters Ketten vnd Sloz vnd sein Meßer«. In der Tat liegt im selben Raum eine bronzene Kette mit Handfessel, die als die Kette angesehen wurde, mit der Petrus im Mamertinischen Kerker gefesselt war, obwohl die Kette höchstens in das 13., vielleicht auch nur 14. Jahrhundert zurückreicht (DMB Inv.-Nr. 2721/27). Offenbar wurde bereits bei der Domweihe 1012 ein Glied von Petri Kette in das Reliquiengrab des Hauptaltars gelegt. Vielleicht hatte ein solches der Konsekrator Erzbischof Heribert aus Köln mitgebracht, denn im Kölner Domschatz befindet sich auch eine Petri-Kettenreliquie (-> Köln). Beim Neubau des Bamberger Doms hat man im frühen 13. Jahrhundert die Reliquien dann aus den Altären genommen. Das Kettenglied wurde nun den Heiltümern eingereiht, die an wichtigen Festen, wie Peter und Paul (29. Juni) oder Petri Stuhlfeier (22.Februar) gewiesen wurden. Später übernahm die jetzige Bronzekette diese Funktion. Außerdem befindet sich in diesem Raum noch das Schwert

Bamberg, Diözesanmuseum, Petri Kette

des Märtyrers oder **Papstes HADRIAN (772–795)**, mit dem der hl. Kaiser Heinrich gegen die Heiden angekämpft habe, wie man 1493 berichtet. Bamberg legte größten Wert auf Papstreliquien. Vielleicht war dies eine Folge davon, dass 1245 das Bistum exempt wurde, d. h. direkt Rom unterstellt wurde. Normalerweise nicht ausgestellt ist ein Stück der Mitra des **Märtyrerpapstes PIUS I. (142-155).** Ein Seidengewebe des 11. Jahrhunderts bekam im 14. Jahrhundert eine Goldborte, in die »PIVS PAPA S« eingestickt ist. Reliquien von Papst Pius wurden auch in das Domkreuz eingelegt. Seit dem 12. Jahrhundert wurde der Tag des hl. Pius am 11. Juli gefeiert. Von Papst Pius gab es auch eine zunächst hölzerne Reliquienbüste. Dieses Reliquiar wurde 1448 von einem Nürnberger Goldschmied in Silber erneuert und ähnelt, nach einer Zeichnung von 1508/09 zu schließen, den Silberbüsten anderer Papstreliquiare (-> Aschaffenburg).

HOFHALTUNG UND THOMASKAPELLE

Auf der anderen Seite des Doms liegt die Alte Hofhaltung, die ehemalige Kaiser- und Bischofspfalz. Sie war vom Querhaus des Doms unmittelbar zugänglich, daher der Name Fürstenportal.

Der Bischofspfalz domseitig vorgelagert entstand um 1050 die Andreaskapelle, die übrigens nach der Überlieferung an der Stelle errichtet worden sein soll, an der die Feuerprobe der hl.

Kunigunde stattgefunden hat. Heute ist in der Alten Hofhaltung das Historische Museum untergebracht.

Ab dem 9. Jahrhundert stand hier die Burg der Babenberger, die 906 in königlichen Besitz gelangt war. 973 schenkte Otto II. die Burg seinem Vetter, Heinrich dem Zänker. Als dessen Sohn Heinrich II. das väterliche Erbe antrat, gab er Bamberg den Vorzug und ließ die Burg zu einer Pfalz ausbauen. Sie war Wohn- und Verwaltungssitz für Bischof und Kaiser. Vermutlich wurden hier auch Papst Benedikt VIII. und Papst Leo IX. empfangen. Bald erhielt die Pfalz an einem ihrer Enden eine dem hl. Thomas geweihte Kapelle (in Entsprechung zu dieser am anderen Ende die Andreaskapelle), die Papst Benedikt VIII. während seines Besuchs 1020 geweiht haben soll. Die originale Weihinschrift befindet sich aus konservatorischen Gründen derzeit noch in München, soll aber zukünftig wieder in Bamberg präsentiert werden. Tritt man durch das mit Rosetten verzierte Portal ein, kann in der Apsis eine Kopie dieser 1936 entdeckten Inschrift betrachtet werden. Die Inschrift sagt, dass Benedikt die Kapelle zu Ehren Christi, des hl. Kreuzes, Mariens, des Apostels Thomas, des hl. Märtyrers Clemens – das ist **Papst CLEMENS I. (92-101)** – und der hl. Maria Magdalena

Bamberg, Dom,
Blick nach Osten

Bamberg,
Thomaskapelle

Bamberg, St. Stephan

geweiht habe. Reliquien werden nach der Inschrift hier aufbewahrt vom Kreuz Christi, vom Apostel Thomas, Stephanus, Georg, Laurentius, dem Märtyrer Clemens, Lantpertus, Eleutherius, Silvester – das ist **Papst SILVESTER I. (314–335)** –, Bischof Ulrich, Afra, Caecilia und Anatolia. Danach lägen in dem einstigen Altar der Thomaskapelle auch Reliquien von **Papst CLEMENS I.** und **Papst SILVESTER I. (314–335)**. Bei dem Dombrand 1185 wurde auch die Thomaskapelle beschädigt und daher nach 1185 der obere Teil der Apsis abgetragen. Dort entstand über querrechteckigem Grundriss der jetzt erhöht liegende Chor mit Kreuzgratgewölben zu 2 mal 3 Jochen über Säulen mit Würfelkapitellen. Dieser Raum wurde der hl. Katharina geweiht. Das Langhaus wurde doppelgeschossig ausgebaut. Später wurde darüber die Hohe Warte mit zwei Geschossen errichtet, dann der holzverschalte Stock und das Zeltdach (s. Zeichnung Berlin Kupferstichkabinett), die aber oberhalb der Katharinenkapelle wieder abgetragen wurde. Im Historischen Museum können die ältesten Teile dieser Pfalz besichtigt werden: Im ersten Obergeschoß des Steinbaus über dem Kassenbereich ist eine Palaswand mit Spuren von Quaderbemalung der Zeit 1200–1237 erhalten. In diesem Saal wurde übrigens 1208 König Philipp von Schwaben ermordet. Gegenüber ist die Tafel mit dem Apostelabschied (Historisches Museum Nr. 46) gezeigt. Sie gibt ein recht realistisches Bild davon, wie das ›zweite Rom‹ im späten 15. Jahrhundert aussah. Die nach 1483 und vor 1487 im Umkreis von Wolfgang Katzheimer entstandene Tafel zeigt, wie sich die Jünger von Christus verabschieden, bevor sie in der Welt das Evangelium verkünden. Alle wichtigen Bauten sind sehr exakt wiedergegeben: St. Stephan ist im Zustand vor Petrinis Neubau gezeigt, St. Martin ist noch Alt-St. Martin.

ST. STEPHAN

Um einige Hügel des zweiten Rom zu erfahren, bietet sich nun ein Rundgang über St. Jakob oder der Abstieg über den westlichen Domberg hinunter zum Ebracher Klosterhof, von hier jeweils weiter über die Karmelitenkirche mit wunderbarem Blick hinüber zum Dom und über die Obere Pfarre mit anschließendem Ab- und Aufstieg nach **St. Stephan**. Möglicherweise nahm Papst Benedikt VIII. den direkten Weg über die Lugbank und durch die Judengasse, die an das hier befindliche Judenviertel erinnert, nach St. Stephan hinauf. Wie Bebo berichtet, weihte der Papst am Sonntag nach Ostern im Jahr 1020 das Stift St. Stephan. Auch diese Weihe ist sicher als eine Auszeichnung zu sehen. Einer Legende zufolge, die am Kaisergrab im Dom dargestellt ist, habe Kaiserin Kunigunde die Bauleute eigenhändig bezahlt. Von dem Bau, an dem Kunigunde Anteil gehabt haben soll und den Benedikt weihte, steht heute nichts mehr. Die heutige Kirche ist ein beeindruckender barocker Neubau, den im wesentlichen Antonio Petrini ab 1677 über dem Grundriss eines gleicharmigen Kreuzes errichtet hat. Vielleicht sollte mit dem gleicharmigen Kreuz an S. Stefano Rotondo in Rom erinnert werden. Das Innere hat entsprechend dem italienischen Baumeister weißhaltigen Stuck. Die ältesten Bauteile befinden sich im Kirchturm mit Geschossen eines Vorgängerbaus aus dem 13. Jahrhundert. Um wieder zurück zum Rathaus zu kommen, kann man die Treppen und die Judengasse wählen. An ihrem unteren Ende zweigt nach Osten ein Gässchen ab, dessen Straßenname auffällig und ungewohnt ist.

SCHIMMELSGASSE

Kaum eine mittelalterliche Stadt hat eine Schimmelsgasse. In Bamberg gibt es Überlegungen, den Straßennamen mit einer 1457 genannten Person namens Schymel zu erklären. Der Name weckt aber auch eine Assoziation, da das Bistum Bamberg Schimmel an den Lateran liefern musste. Die Gegengabe für besondere kirchliche Vorrechte, die Papst Leo IX. der Bamberger Kirche verliehen hatte, waren Schimmel für das päpstliche Zeremoniell. Die Päpste hatten damals großen Bedarf an weißen Pferden, auf denen sie mit rotem Mantel, dem Pluviale, bekleidet und auf vergoldetem Sattel durch Rom ritten. Diese Pferde waren damals

offenbar etwas, was der Papst vor allem von nördlich der Alpen bekam. Schimmel erbat sich der Lateran als Gegenleistung für die Verleihung besonderer Vorrechte z. B. auch von der Reichenau (-> Reichenau) oder Remiremont.

TIPP Die Besichtigung des Papstgrabes ist nur im Rahmen einer Domführung möglich; Anmeldung bei:
Domtouristik und Besucherinformation
Domplatz 5, 96049 Bamberg
Tel. 0951–502–2512
Domtouristik-info@erzbistum-bamberg.de

Die Besichtigung der Thomaskapelle ist nur im Rahmen einer Dombergführung möglich; Anmeldung bei:
Neue Residenz
Domplatz 8, 96049 Bamberg
Tel. 0951–519390

WEITERE SEHENSWÜRDIGKEIT

Weinbau ist in Bamberg seit etwa 1015 am Michaelsberg überliefert. Der Patron der Winzer wurde der hl. **Papst URBAN (222–230)**, dessen Reliquien früh nach Erstein kamen (-> Eguisheim). Das Elsaß und Franken sind die Gebiete, in denen Urban besonders verehrt wird. In Franken werden die Winzer Häcker genannt. Die Bruderschaft der Häcker hat in Bamberg eine eigene Kapelle am Laurenziplatz. Hier befindet sich ein Ölgemälde aus der ersten Hälfte des 17. Jahrhunderts, das Papst Urban mit Buch und Weintrauben zeigt. Außerdem steht hier die Prozessionsfigur der Häckerzunft: Papst Urban mit Tiara, Kreuzstab, Buch und Trauben als Schnitzfigur von 1687, wohl von Joseph Heußler. Bis heute wird diese Figur gemeinsam mit den Prozessionsstangen jedes Jahr bei der Urbaniprozession durch Bamberg getragen. Die Prozession findet meist Ende Mai oder Anfang Juni um den Tag des hl. Urban (25. Mai) statt.

BLAUBEUREN

Das landschaftlich einmalig gelegene Kloster Blaubeuren hatte von Anfang an eine besondere Stellung. Denn **Papst URBAN II. (1088–1099)** konfirmierte am 25. Januar 1099 das Kloster. Dazu soll Gräfin Adelheid von Tübingen nach Rom gereist sein und die Klostergründung Blaubeuren unmittelbar unter den Schutz des apostolischen Stuhls gestellt haben lassen.

Bereits früh bereits war das Gebiet am Blautopf christlich besiedelt; der Bau einer Johanneskirche reicht ins 7. Jahrhundert zurück. 1085 gründeten die Tübinger Grafen Sigiboto von Ruck und seine Brüder Anselm und Hugo ein Kloster, das bald danach mit Hirsauer Mönchen besiedelt wurde. Ihr erster Abt war Azelinus. Wie viele Klöster der Hirsauer Reform bekam auch Blaubeuren einen besonderen Bezug zu den Päpsten, der sich in der Ausstattung des Klosters niederschlagen sollte.

Die erste Klosterkirche soll 1124 geweiht worden sein. Bei Ausgrabungen im Langhaus wurden Reste dieser ersten Kirche entdeckt. Der heutige Bau ist durch den Neubau von Kloster und Kirche ab 1466 bestimmt. 1451 wurde die Melker Reform im Kloster eingeführt. Das zog den Neubau der Anlage unter den Äbten Ulrich Kondig (1456–1475), Heinrich III. Fabri (1475–1495) und Gregor Rösch (1495–1523) nach sich, so dass 1493 mit der Weihe des Hochaltars und der Errichtung des Chorgestühls die neue Kirche weitgehend funktionsfähig war. 1510 etwa können die Arbeiten am Kloster als abgeschlossen gelten. Ein Jahr nach Einführung der Reformation in Württemberg 1534 wurden die Mönche ihres Klosters verwiesen.

Relativ bald danach wurde 1556 eine evangelische Klosterschule in Blaubeuren eingerichtet. Diesem Umstand ist der Erhalt des Hochaltars und vieler Klostertrakte zu verdanken. Auch in späteren Zeiten und bis heute diente das Kloster als theologisches Seminar oder Schule. Wenngleich einzelne Bauten in der Neuzeit erneuert wurden, ist zu ganz wesentlichen Teilen noch die Anlage des späten 15. Jahrhunderts erhalten. Ein Rundgang durch den ummauerten Klosterbezirk kann am westlichen

Blaubeuren, Kloster, Torbau

Torbau, dem ehemaligen Haupteingang, beginnen. Wehrmauer und Wehrgang von 1477 sind in diesem Bereich komplett erhalten. Betritt man von hier die Anlage, hat man zur Linken das Bandhaus von 1478 – der Name rührt vom Binden der Fässer her –, bei dem auf mächtigen hölzernen Arkaden, was ganz selten erhalten ist, das Fachwerkobergeschoß ruht. Hier war die Klosterküferei untergebracht; außerdem gab es Lagerräume und unter dem Bandhaus den Weinkeller. Auf der anderen Seite des Tores, jedoch bereits einige Schritte im Klosterareal befindet sich ein in Nord-Süd-Richtung verlaufendes Gebäude des frühen 18. Jahrhunderts, das als Forstamt diente. Südlich davon steht ein Bauwerk von 1516, das später das Kameralamt wurde und in dem 1777 der Dichter und Musiker Christian Friedrich Daniel Schubart gefangengenommen

Blaubeuren, Klosterkirche, Hochaltar

wurde. In diesem Gebäude wohnte der Klosterpräfekt, es gab Stallungen, einen Backofen und im sehr hohen Satteldach Lagerraum. Aus der Erbauungszeit hat sich östlich der Klausur in den Obstgärten das Badhaus der Mönche von 1510 erhalten, was in einer deutschen Klosteranlage völlig singulär ist. Das Erdgeschoß, in dem sich das Bad befand, ist als Steinbau errichtet. Das Obergeschoß besteht aus Fachwerk und beherbergte Gastzimmer. Die Wandmalereien im Obergeschoß mit Jagdszenen haben entsprechend der Nutzung des Gebäudes eher weltlichen Charakter. Dieser Bau gehört zum Klostermuseum und kann im Innern besucht werden.

Teile des ursprünglichen Klausurbereichs und die Kirche sind von Südwesten gegen Eintritt zugänglich. Man gelangt über den 1888 anstelle des einstigen Abtshauses errichteten Westbau in den 1469 unter Abt Ulrich Kondig begonnenen Westflügel der Klausur mit Kreuzgang. Beim Blick in den Kreuzhof mit

Blaubeuren, Klosterkirche, Hochaltar, Rückseite mit Papst Urban

Brunnenkapelle und beim Gang durch den Kreuzgang sind nur minimale Unterschiede zu bemerken: 1479 wurden der Südflügel mit dem sich anschließenden Refektorium und 1481 der Ostflügel, beide unter Abt Heinrich III. Fabri errichtet. Vom ostseitigen Kreuzgang gelangt man auch in den Kapitelsaal und die Margarethenkapelle mit bemerkenswerter Wandmalerei von 1486. Darüber liegt das Dormitorium. Der älteste Teil des Kreuzgangs ist der direkt an die damals noch alte Kirche 1466 unter Abt Ulrich angebaute Nordflügel.

Mit dem Neubau der Kirche wurde 1491 im Chorbereich begonnen, d. h. erst nach dem Neubau der Klausur. Nach den Steinmetzmarken waren Peter von Koblenz und Meister Anton die Baumeister. Errichtet wurde ein langer Bau, mit zwei leicht ausladenden, extrem hohen Querhauskapellen. In der Mitte des Querhauses erhebt sich ein dicker Vierungsturm. Der Vierungsturm trennt in seinem Erdgeschoß wie ein Lettner das

Blaubeuren, Klosterkirche, Schlussstein mit Papst Callixtus I.

Langhaus mit Kapellennischen, die durch eingezogene Strebepfeiler entstehen, und Netzgewölben als dem Laienraum vom Mönchschor. Im Obergeschoß zeigt der Turm einen großen Spitzbogen und verbindet so beide Räume. Das Langhaus mit ebenfalls schönem Netzgewölbe dient heute Schulzwecken. Vom Kreuzgang aus betritt man die Kirche über die Petrikapelle. Sie hat kaum Ausstattung, doch zwei sehr schöne Schlusssteine mit Petrus und Paulus, die die Schutzpatrone des Mutterklosters in Hirsau waren. Außerdem steht hier der Epitaph des letzten Bauherrn, Abt Gregor Rösch (+1524). Über die Vierung hat man einen Blick ins Langhaus und gelangt in die nördliche Querhauskapelle, die **Papst CALLIXTUS I. (217–222)** – in Führern liest man oft fälschlich Urban - geweiht ist. Im Schlussstein ist ein Papst ungewöhnlich detailreich mit Tiara und Mühlstein dargestellt. Aufgrund des Attributs ist Papst Callixtus I. gezeigt. Petrus,

Blaubeuren, Klosterkirche, Schlussstein mit Helena

Callixtus, Silvester und Urban deuten Papstbezüge an, die bei vielen Hirsauer Klöstern zu bemerken sind. Die Callixtuskapelle wird heute als Lapidarium genutzt. Bemerkenswert ist vor allem der schöne, farbig gefasste Schlussstein mit der hl. Helena, der wohl vom Lettner stammt und hier abgelegt ist. Er ist im Kontext der Reliquien von **Papst SILVESTER I. (314–335)** zu sehen. Möglicherweise diente dieser mit 17 m extrem hohe Raum einst der Aufbewahrung des Reliquienschatzes, der vielleicht im Altar, der in Umrissen an der Ostwand erkennbar wird, untergebracht war. 1395 sind Reliquien von Clemens, Silvester, Dionysius und Petrus (zwei Armknochen, eine Blutreliquie, ein Stück seiner Kette, Teile seiner Schuhriemen) erwähnt. Auch der Chor mit polygonalem Schluss ist netzgewölbt. In die Wanddienste eingestellt sind Statuen der Apostel, wobei Petrus und Andreas Ehrenplätze im Chorschluss zukommen. Sie tragen, wie übrigens die Apostel in der Marienkirche in Hirsau, Schriftbanderolen, auf denen Sätze des apostolischen Glaubensbekenntnisses aufgeführt sind. In die Konsolen, auf denen die Apostel stehen, sind Prophetenbüsten eingearbeitet. Entsprechend der Funktion als Mönchschor ist hier ein Chorgestühl für das Stundengebet der Mönche aufgestellt. Es weist 66 Sitze auf. Die Prophetenbüsten forderten die Mönche zum Gebet oder Gesang auf. Jörg Syrlin d. Jüngere hat das Chorgestühl 1493 geschaffen.

Großes Glanzstück der Ausstattung ist der Hochaltar aus der Ulmer Werkstatt von Michel und Gregor Erhart, dessen Stipes bei der Weihe am 10. November 1493 bereits stand. Der Wandelaltar ermöglichte drei Wandlungen und gilt als eines der bedeutendsten spätgotischen Schnitzretabel in Deutschland. Als Kistner war wohl Jörg Syrlin beteiligt und als Maler der Werktagsseite Bartholomäus Zeitblom und Bernhard Strigel. In geschlossenem Zustand zeigte der Altar vier gemalte Passionsszenen, in die links und rechts oben jeweils eine weitere Szene eingearbeitet wurde, so dass insgesamt zwölf Passionsbegebenheiten dargestellt sind. Diese Ansicht war für Fastenmonate gedacht. Daher wurde auf Goldgrund verzichtet. Wurde der Altar ein Mal aufgeklappt, so hatte man die Werktags- und Sonntagsansicht: In 16 Tafeln wird das Leben Johannes des Täufers erzählt. Links seitlich ist an der Chorwand eine gemalte Predella aufgehängt: Sie konnte bei den ersten beiden Wandlungen vor die geschnitzte Predella geschoben werden und zeigt die vier Evangelisten, Johannes den Täufer und Benedikt. Für Hochfeste wurde der Altar komplett aufgeklappt. Im Schrein stehen Schnitzfiguren aus Lindenholz: Es sind Maria zwischen den beiden Johannes, Benedikt und Scholastika. Auf den Flügeln waren dann in Reliefschnitzerei die Geburt Christi und die Anbetung der Könige zu sehen. Über der Geburtsszene ist eine Burg auf mächtigen Felsen zu erkennen: Der Fels wird mit dem Blaubeurener »Klötzle Blei« und die Burg mit dem ehemaligen Ruckenschloß identifiziert, d. h. das Ereignis der Geburt wurde in die Blaubeurener Landschaft verlegt. Der Flügelaufsatz über der Geburt zeigt Graf Eberhard im Bart, den Schutzherren des Klosters, und rechts Abt Heinrich III. Fabri, der

der Bauherr des Chores war. Das Predellenthema für den komplett aufgeklappten Altar ist Christus als Salvator Mundi im Kreis der zwölf Apostel.

Blaubeuren, Blautopf mit Klosterkirche

Keine Fläche des Altars blieb ohne Gestaltung: An den Predellaschmalseiten sind links die Büste des Grafen von Ruck und rechts des Pfalzgrafen von Tübingen angebracht. Darüber sind an den Schmalseiten Petrus und Paulus dargestellt. Sogar die Rückwand des Schreins ist bemalt: Sie trägt die Jahreszahl 1494 und namentlich bezeichnete Heilige. Die Malerei wird Bartholomäus Zeitblom zugeschrieben. Über den Benediktinerheiligen Gallus und Othmar sind die Heiligen Egidius und Magnus dargestellt. Den ganzfigurigen Darstellungen der Bischöfe Conrad von Konstanz und Ulrich von Augsburg rechts entsprechen links die der **Päpste URBAN I. (222–230)** und Silvester I. Beide sind mit Namen bezeichnet und durch Tiara, Pedum und Kleidung als Päpste deutlich gemacht. Bei Urban sind versteckt unter dem Panisellus auch die Weintrauben zu erkennen, bei Silvester der Stier. Weitere acht Heilige (Dionysius, Martialis, Nikolaus, Scholastika, Veronika, Barnabas, Sebastian, Martin) sind als Brustbildnisse im Predellenbereich gezeigt. Dieses Heiligenprogramm auf der Rückseite erklärt sich daraus, dass es entweder Benediktinerheilige sind oder Heilige der nahen Diözesen mit Kontakt zu Blaubeuren oder Heilige, von denen Reliquien bei der Weihe in den Altar gelegt wurden, darunter vermutlich Papstreliquien. Die Reliquien, die in dem von der Rückseite der Stipes zugänglichen Altargewölbe lagen, waren allerdings bereits im 16. Jahrhundert alle verloren, so der letzte katholische Abt von Blaubeuren, Christian Tubingius.

Nicht mehr erhalten ist der Nordgiebel der Hauptfront der Abteikirche: Er zeigte einst die Bestätigung der Klosterstiftung durch Papst Urban II., der im Zentrum dargestellt war. Zu seinen Füßen war Pfalzgräfin Adelheid zu erkennen. Beigegeben waren das Klosterwappen und dasjenige des Abtes Heinrich III. Fabri sowie weitere vor der Zerstörung nicht näher identifizierte Heilige.

Ein wesentlicher Movens für den Neubau der Klosterkirche, für den gewaltigen Hochaltar und die diversen Papstbezüge im Bildprogramm war sicher, dass Abt Fabri 1492 von **Papst INNOZENZ VIII. (1484–1492)** die bischöflichen Insignien verliehen bekam sowie das Recht selbst Weihen zu erteilen.

Heute ist das Südportal mit seinem Figurenprogramm das Schauportal. Neben dem Gekreuzigten sind Maria, Johannes der Evangelist, Johannes der Täufer und Benedikt, also die gleichen Figuren wie im Schrein des Hochaltars, zu erkennen.

INFO Blaubeuren hatte berühmte Dichter zu Gast: Friedrich Hölderlin, der Schüler in Blaubeuren war, verewigte sich an der Sakristeiwand mit einem Grafitto. Auch Chistian Schubart verweilte in Blaubeuren. Eduard Mörike schrieb über den Blautopf in der Erzählung der schönen Lau.

WEITERE SEHENSWÜRDIGKEITEN

Um das Kloster von allen Seiten kennenzulernen, lohnt ein Spaziergang um den Blautopf. Aus etwa 20 m Tiefe sprudelt Wasser aus dem Inneren des Juragesteins und bringt die Blau zu Wege. Je nach Licht und Sonnenstand nimmt das Wasser eine ausgeprägt bläuliche Färbung an. Dieses Naturwunder hat Mörike für seine »Schöne Lau« inspiriert. An dem Rundweg um den Blautopf stößt man auf eine Skulptur der »Schönen Lau« von Fritz von Graevenitz. Das Wasser wurde aber auch von Hammerwerken, Mühlen und dem Kloster praktisch genutzt.

Hat man mehr Zeit, lohnt ein ausgiebiger Spaziergang, auch zu den beeindruckenden Jurafelsen, die phantasievolle Namen, wie Klötzle Blei, küssende Sau, Rusenschloss oder Blautalwand, bekamen.

Die altsteinzeitlichen Funde der Jurahöhlen befinden sich im urgeschichtlichen Museum der Stadt.

Kloster Blaubeuren
Klosterhof, 89143 Blaubeuren
Tel. 07344-962625
kloster@seminar-blaubeuren.de

EGUISHEIM

Fährt man von Colmar die elsässische Weinstraße nach Süden, so erblickt man schon von Weitem auf dem ersten Höhenzug der Vogesen drei Burgen, genannt die drei Exen. Zu Füßen dieser Burgen und bereits in den ansteigenden Weinbergshügeln liegt Eguisheim.

Zentrum des Ortes bildet eine Anhöhe mit einer Burg. Nach der Chronik von Ebersmünster aus dem 15. Jahrhundert wurde in dieser Burg 1002 Bruno von Eguisheim-Dagsburg geboren. Durch Vermittlung Kaiser Heinrichs III. bestieg Bruno als **Papst LEO IX. (1049–1054)** den Stuhl Petri. Nach anderer Überlieferung und da die ergrabenen Teile der Burg frühestens auf die erste Hälfte des 13. Jahrhunderts verweisen, soll Bruno allerdings in den nordwestlichen Vogesen, im heute lothringischen Dabo geboren worden sein. An diese andere Tradition erinnert heute die neoromanische St.-Leo-Kapelle auf dem lothringischen Rocher de Dabo. Sicher aber waren die Exen im Besitz der Familie Eguisheim-Dagsburg und hier dürfte Leo IX. geboren sein.

In Eguisheim wird die Erinnerung an Papst Leo IX. geradezu zelebriert. Als im 19. Jahrhundert Teile des aufgehenden Mauerwerks der im Kern mittelalterlichen Burg abgetragen worden waren, gab es Platz für eine Gedenkkapelle St. Leo, in der Reliquien des heiligen Papstes liegen. Anstelle des achteckigen Bergfriedes wurde ab 1886 eine Kapelle über dem Grundriss eines griechischen Kreuzes in neoromanisch-byzantinisierendem Stil errichtet. Es ist spannend zu sehen, was man damals über Leo wußte: Medaillons der Deckmalereien zeigen zahlreiche Begebenheiten aus seinem Leben. Der Grundriß des Kreuzes mag an das von Leos Eltern gegründete Kloster Heiligenkreuz bei Woffenheim in Lothringen erinnern; wie aus einer Bulle hervorgeht, hat Leo an dieses Kloster sogar eine goldene Rose übersandt. In den Fenstern von St. Leo sind stehende Heilige dargestellt, die in Leos Umgebung sowie im Elsass von Bedeutung waren. Abgeschoben in eine Ecke ist eine kleinformatige Sitzfigur des hl. Petrus, die wie die Wormser Sitzfigur den Bronze-Petrus im Petersdom in Rom kopiert (-> Worms, Dom).

Eguisheim, Drei Exen

Geht man die Stufen der Burg hinunter auf den Platz, so empfängt eine Standfigur von Papst Leo als Brunnenfigur die Besucher.

Eguisheim ist seiner Stadtanlage nach eine sogenannte Zwiebelstadt. Ringförmig legen sich die Gäßchen um die annähernd achteckige Burganlage. Es lohnt den in weiten Teilen nahezu intakt

erhaltenen, malerischen Weinort in all seinen ringförmigen Sträßchen zu durchschreiten und in den einen oder anderen Weinkeller zu steigen, auch da Eguisheim für seine exquisiten Weine bekannt ist. Hier entdeckt man originale Bausubstanz ab dem Mittelalter. Außerdem ist die bunte, fast autofreie mittelalterliche Stadt geradezu pittoresk. Der äußerste Häuserring ist an die Stadtmauer angebaut bzw. bisweilen wurde die Stadtmauer in späterer Zeit überbaut.

Immer wieder taucht das Stadtwappen mit den zwei gekreuzten Schlüsseln auf; viele Orte mit Petruspatrozinien, wie Worms oder Regensburg, tragen Petri Schlüssel im Wappenschild.

Kunsthistorischer Höhepunkt des Ortes sind die erhaltenen Teile der romanischen Pfarrkirche. Die heutige Pfarrkirche St. Peter und Paul wurde 1809 im »Scheunenstil« errichtet. In die Wand der Westfassade ist die Neuerung der Urkunden Leos als Nachbildung eingelassen: die Papst-Rota, darüber ist eine Standfigur des Papstes angebracht. Der Kirchturm stammt aus dem 12./13. Jahrhundert. Ebenso ist von dem Vorgängerbau noch das eindrucksvolle romanische Portal erhalten (heute im Inneren). Es zeigt im Tympanon den thronenden Christus mit den beiden Patronen zu seinen Seiten: Petrus und Paulus; darunter sind in einem langen Fries die klugen und törichten Jungfrauen gezeigt, die klugen erkennbar an den brennenden Fackeln und ihrer Kleidung ähnlich der von Nonnen, die törichten an den umgedrehten und damit ausgelöschten Fackeln. Bei der Kleidung der törichten Jungfrauen sind viele modische Details wie hochgestellte Krägen, Kinnbinde und Schmuck zu studieren. Die beiden Gruppen sind durch Christus mit dem Buch des Lebens geschieden, der den klugen Jungfrauen zugewandt ist und ihnen das Himmelstor öffnet. In das Gewändeportal eingestellt ist die Sitzfigur einer Madonna mit Kind aus dem 13. Jahrhundert. Sie trägt als Hoheitszeichen rote Schuhe. Ihr Körper ist aufklappbar und barg eine Reliquie. Im 17. Jahrhundert wurde ihr eine Hostie eingemalt.

Ursprünglich wurde die Madonna bekleidet, wie der breite Aufsatz auf ihrem Haupt zeigt, auf dem

Eguisheim, Burg und St. Leo

Eguisheim, St. Peter und Paul, Tympanon

eine Krone aufgesteckt werden konnte. Von diesem Marientyp haben sich aus dem Elsaß insgesamt nur drei Figuren erhalten.

Von der Ausstattung des 19. Jahrhunderts im Innern sind die beiden Seitenaltäre hervorzuheben: Der linke zeigt Maria im Rosenhag, ein von Martin Schongauer inspiriertes Gemälde – das Original ist in der Dominikanerkirche in Colmar –, der rechte den hl. Papst Leo. Beide Gemälde stammen von Carola Sorg. Möchte man sich mit den Lebensstationen Papst Leos IX. befassen, so sind die elf Glasfenster dieser Kirche, von Tristan Ruhlmann 1954 geschaffen, sozusagen eine bebilderte Vita des Papstes. Sie beginnt im Langhaus mit dem westlichsten Fenster links und endet rechts mit dem wiederum westlichsten Fenster und zeigt:

Eguisheim, St. Peter und Paul, Leo IX.

- Taufe Brunos, des Sohns des Grafen Hugo
- Kindheit Brunos in Toul
- Brunos Heranwachsen, durch einen himmlischen Strahl wird er geheilt
- Bruno als Bischof von Toul behandelt Kranke
- Bruno wird Papst: Ernennung durch eine Urkunde mit dem Jahr 1048
- das römische Volk akklamiert Papst Leo
- die Synode von 1049
- Leo besucht 1049 das Elsass
- Leo im Elsass und in Lothringen
- Leo vergibt 1051/52 den Normannen
- Leo verstirbt am 19. April 1054 vor dem Grab Petri

Verläßt man den Ort nach Westen, so stößt auf die Place de Gaulle und von dort in den Stadtpark und zum Campingplatz. Von hier führt eine Markierung zunächst durch die Weinberge und dann hinauf zu den drei Exen in etwa 575 m Seehöhe. Der Fußweg dauert circa eine Stunde. Wie in der Südpfalz bei Dahn wurden hier auf einer fast 120 m langen Felsrippe drei benachbarte Burgen errichtet: Die Dagsburg, die Wahlenburg und die Burg Weckmund. Alle drei wurden im 11. und 12. Jahrhundert erbaut. Brunos angenommener Geburtsort ist die mittlere der drei Burgen, die Wahlenburg. Sehr lohnend ist der Blick von hier oben hinüber auf den Schwarzwald, aber auch in Richtung Colmar und Straßburg. Im Dunst mag das kleine Städtchen Erstein zwischen Colmar und Straßburg zu erahnen sein, wohin in karolingischer Zeit Reliquien von **Papst URBAN I. (222–230)** gekommen waren.

TIPP Vor dem Aufstieg sollte man sich stärken mit der ortstypischen Kombination: eine »tranche kougelhopf« und dazu ein Glas Edelzwicker. Charakteristisch sind auch die kleinen Münsterkäse (natur, mit Senf oder mit Kräutern).

INFO Papst Leo war mit den Saliern verwandt: Das fränkische Herzogtum Elsaß wurde im 7. Jahrhundert gegründet. Im 9. Jahrhundert wurde es in zwei Grafschaften aufgeteilt: den Südgau und den Nordgau. Noch heute spiegelt sich diese Einteilung in den Départements Bas-Rhin und Haut-Rhin. Die Grafen des Nordgaus verheirateten ihre Schwester Adelheid mit dem salischen Herzog Heinrich. Dieser Verbindung entsprang Konrad II., der Begründer des salischen Kaiserhauses (-> Worms). Die Grafen von Eguisheim waren eine Seitenlinie der Grafen des Nordgaus: Aus dieser Linie stammte Graf Bruno von Eguisheim, der spätere Papst Leo. Schon allein aufgrund dieser engen familiären Verbindungen musste das Gebiet zwischen Eguisheim und Worms eine Papstregion werden.

FULDA

Der Ire Winfried, der den Namen Bonifatius (+754) bereits bei der Taufe annahm und damit die christliche Ausrichtung der eigenen Person deutlich machte, hat eine besondere Stellung. Er war der päpstliche Legat in Missionsangelegenheiten für Deutschland. Schon früh wurde er mit einem Apostel verglichen. **Papst ZACHARIAS (741–752)** schrieb ihm am 22. Juni 744, dass der Heilige Geist ihn wie Paulus zur Predigt bei den Heiden auserwählt habe. Hrabanus Maurus (780–856) meinte, dass Germanien nicht weniger sein Lob singe, als Rom den Apostel Petrus preise. Apostel Deutschlands wurde er 1160 in Fulda genannt. Diesen Auftrag hatte ihm 719 in Rom **Papst GREGOR II. (715–731)** erteilt. 722 war er nochmals in Rom und wurde dort zum Bischof geweiht. Nun hatte er den gleichen Rang wie Bischöfe im Umland Roms. Bald kamen Papstreliquien nach Fulda: Das Haupt des hl. **Papstes FABIAN (236–250)** und 854 wohl durch Hrabanus Maurus Reliquien von **Papst CALIXTUS I. (217–222)**.

Nicht nur in Form einer Reliquie, sondern auch persönlich war ein Papst in Fulda präsent. Im Jahr 1020 besuchte **Papst BENEDIKT VIII. (1012–1024)** von Bamberg kommend (-> Bamberg) gemeinsam mit Heinrich II. Fulda. Der Papst feierte am 1. Mai 1020 im Beisein des Kaiserpaares ein Hochamt in der Fuldaer Klosterkirche. Damals erhielt der Papst das alleinige Recht zur Weihe des Abts von Kloster Fulda. Wenig später am 8. Februar 1024 übertrug Papst Benedikt Abt Richard von Fulda ein nahe S. Maria Maggiore gelegenes Andreaskloster in Rom, um so die Bindung von Fulda an Rom zu intensivieren.

Als **Papst JOHANNES PAUL II. (1978–2005)** 1980 nach Deutschland kam, besuchte er Fulda und meinte zurück in Rom, dass von besonderer Bedeutung bei seiner Pastoralreise der Besuch am Grab des hl. Bonifatius gewesen sei, »des Apostels und Gründers der Kirche unter den germanischen Völkern, die er mit dem Heiligen Stuhl eng verbunden hat.«

Der Domplatz war von Anfang an ein Zentrum. Im 6. Jahrhundert stand hier ein palastähnlicher Hof, von dem aus die

Fulda, Dom und St. Michael

Buchonia verwaltet wurde. 744 wurde im Auftrag des Bonifatius in diesem Bereich ein Benediktinerkloster gegründet, dessen erster Abt Sturmius war. Dieses 751 dem Erlöser (Salvator) geweihte Kloster spielte für Bonifatius eine wichtige Rolle: Er machte es zum Mittelpunkt der Christianisierung Mitteldeutschlands. Zugleich sollte es die Schaltstelle zwischen den Bistümern Würzburg, Büraberg und Erfurt sein. Bonifatius wollte hier begraben werden. Nachdem er 754 das Martyrium bei den Friesen erlitten hatte, wurde sein Leichnam nach seinem Wunsch nach Fulda gebracht; hier wurde Bonifatius als Heiliger verehrt.

DOM ST. SALVATOR

Fulda wurde erst 1752 von **Papst BENEDIKT XIV. (1740–1758)** zum Bistum erhoben. Die barocke Klosterkirche wurde bereits zuvor im Auftrag des Fürstabts Adalbert von Schleiffras von Johann Dientzenhofer errichtet und 1712 geweiht. Obwohl Dientzenhofer in einem Gutachten darlegte, dass der mittelalterliche Bau repariert werden hätte können, wollte der Fürstabt einen standesgemäßen und modernen, den Idealen der Gegenreformation verpflichteten Bau und ließ daher die karolingische Kirche abreißen. Dientzenhofer orientierte sich bei den Entwürfen für den Neubau mit der zweigeschossigen Zweiturmfassade, der Wandpfeilerkirche und der Kuppel an römischen Kirchen wie Il Gesù und dem Petersdom. Eine zweite Koordinate bei allen Planungen war das Grab des hl. Bonifatius. Daher ist die Kirche gewestet und Mönchschor sowie Vierung liegen über der Krypta mit dem Bonifatiusgrab, so dass wie im Petersdom die Kuppel das Petrusgrab so in Fulda die Kuppel das Bonifatiusgrab architektonisch überhöht. An Bonifatius und an die Gründung erinnert auch das Bildprogramm: in der Fassade links die große Steinplastik des Apostels der Deutschen und rechts die des ersten Abtes Sturmius, darüber die der Bistumspatrone Simplicius und Faustinus. Den Giebel bekrönt eine Standfigur des Salvators. Im Innern fällt der Blick auf den von Dientzenhofer entworfenen Hochaltar, der aus einer Art Schrein besteht, auf dem die Reliquien aufgestellt werden, und einem Baldachin, der von Berninis Ziborium im Petersdom inspiriert zu sein scheint. Die Bezüge zu Rom sind eng: Denn am rechten Vierungspfeiler steht eine große Sitzstatue des hl. Petrus aus dem Historismus, die sich eng an die Bronzeplastik des hl. Petrus im Petersdom anlehnt. Steigt man in die Krypta hinab, so stößt man hier im Westen auf das Felsengrab des hl. Bonifatius. Im Spätmittelalter hatte man die Gebeine des Bonifatius bereits in die Krypta verlegt.

Das Kloster, das Winfried Bonifatius gegründet hatte, und das 1802 aufgehoben wurde, hatte von Anfang an eine Sonderstellung. 751 hatte Bonifatius von Papst Zacharias erwirkt, dass

Fulda, Ratgarbasilika

es unmittelbar dem Schutz des Papstes unterstellt worden war. 765 wurde es zur Reichsabtei erhoben und erhielt 774 von Karl dem Großen Immunitätsrechte. 969 wurde der Abt zum Primas der deutschen Benediktiner ernannt. Die Abtei besaß eine bedeutende Klosterschule, in der anfangs in angelsächsisch beeinflusster Schrift Bücher u.a. für den Missionsbedarf gefertigt wurden, dann aber enge Kontakte zum karolingischen Hof bestanden. Es entstanden ebenso literarische Werke. Aus dieser Schule gingen Gelehrte wie Otfrid von Weissenburg, Walahfrid Strabo (-> Reichenau) und Einhard hervor. Äbte wie Ratgar und Hrabanus Maurus (-> Hornbach, Mainz) trugen ebenfalls zur baulichen und kulturellen Blüte bei. Der Baumeister und Mönch Ratgar liess anstelle der ersten, dem Salvator geweihten Klosterkirche eine doppelchörige, dreischiffige Basilika errichten. In der Westapsis sollte ein Altar mit den Gebeinen des hl. Bonifatius aufgestellt werden. Aufgrund der Pilgerströme kam, nachdem Ratgar 802 Abt geworden war, noch ein Westquerhaus hinzu. 819 wurde die Ratgarbasilika geweiht. Diese Basilika blieb lange die mit Abstand größte Kirche nördlich der Alpen, ihre Errichtung hatte aber so viel Geld verschlungen, dass Ratgar nach Beschwerden der Mönche von Kaiser Ludwig dem Frommen seines Amtes enthoben wurde. Ratgars Nachfolger Eigil fügte noch die beiden Krypten der Kirche hinzu. Im 10. Jahrhundert kamen aus Fulda verbindliche Sakramentartexte für die Messfeier, die für den Export gearbeitet wurden. Fulda war also auch ein Zentrum für die maßgebliche Liturgie. Diese

Fulda, Dom innen

bedeutende kulturelle Stellung der Abtei blieb bis in staufische Zeit bestehen. Friedrich Barbarossa weilte acht Male hier. Die Reichsabtei hatte Münz- und Marktrecht, Zollbefugnisse und bildete einen eigenen Herrschaftsbereich aus. Kaiser Friedrich II. erhob 1220 den Abt zu einem Reichsfürsten, was die Fuldaer Äbte bis 1803 blieben. Vermutlich gab es bereits von Anfang an östlich der Kirche einen Trakt, in dem Herrscher absteigen konnten.

Von den karolingischen Vorgängerbauten ist kaum etwas am und im heutigen Dom wahrzunehmen. Die gewaltigen Dimensionen der Ratgarbasilika sind zu erahnen, wenn man die Fassaden mit den beiden rechteckigen Anräumen betrachtet: sie markieren die Breite des Ostquerhauses der Ratgarbasilika. Gleich

rechts am Eingang in die Kirche ist eine karolingische Säule in den Barockbau integriert, die aus der alten Abtei übernommen wurde.

DOMMUSEUM

Das Dommuseum ist in einem Gebäude des 17. Jahrhunderts südlich des Doms, der Domdechanei, untergebracht. Es besitzt eine sehr schöne Sammlung kirchlicher Kunst des späten Mittelalters und des Barock. Berühmt sind die umfangreichen und kostbaren Barockornate der Fuldaer Fürstbischöfe. Zu Beginn des Rundgangs vermögen verschiedene Architekturteile des karolingischen Klosters einen Eindruck der einstigen Anlage zu vermitteln. Eine Reihe von Stücken steht in engem Bezug zu Bonifatius. Der Ragyntrudiscodex, der um 700 im westlichen Frankenreich entstand und Kirchenvätertexte enthält, ist quasi eine Reliquie des Heiligen. Er ist durch tiefe Schnitte beschädigt. Der Überlieferung nach trug Bonifatius dieses Buch in dem Moment vor sich, als die Friesen ihn töten wollten. Dabei erhielt der Codex die Einschnitte. Ein von einem Schwert durchbohrtes Buch wurde in der Folge das Attribut des Bonifatius. Als Bonifatiusstab wird seit dem 18. Jahrhundert ein Abtsstab aus der zweiten Hälfte des 12. Jahrhunderts verehrt. Die Krümme ist aus Walroßzahn geschnitzt und zeigt das von einer Schlange bedrohte Lamm Gottes. Auf dem Antependium des Silberaltars wird das Haupt des Bonifatius ausgestellt nebst zwei Pyramiden mit verschiedenen Reliquien. Ein besonderes Heiltum, das auch mit Bonifatius verbunden wurde, ist sein Dolch. Zahlreiche Bildwerke vom Spätmittelalter bis in die späte Barockzeit zeigen den Apostel der Deutschen.

ST. MICHAEL

Einen Eindruck karolingischer Architektur in Fulda vermittelt die Rotunde St. Michael. Sie liegt im Bereich der ehemaligen Abtei.

Abt Eigil, der die beiden Krypten der Ratgarbasilika angefügt hatte, hatte sie in den Jahren 819–822 vielleicht unter dem Eindruck einer römischen Rundkirche wie S. Costanza als persönlichen Memorialbau errichten lassen. Während die Kirche zerstört und im 11. Jahrhundert wieder errichtet sowie mit Wandmalereien ausgestattet wurde, datiert die Krypta noch aus der Zeit Eigils. Eindrucksvoll ist die Säule mit ionisierendem Kapitell, auf der das gewaltige Gewölbe ruht. Sie wurde als ein Symbol Christi gedeutet, der das Himmelsgewölbe trägt. Vom Umgang mit Tonnengewölbe gelangt man durch vier Durchgänge in den Mittelraum. An der Ostseite befinden sich hinter dem Altar zwei leere Sarkophage; in dem einen war Abt Eigil bestattet.

Die Oberkirche wurde im späten 11. Jahrhundert als Nebenkirche oder eigenständige Propstei genutzt. Das brachte bauliche Veränderungen mit sich: Im Osten wurde eine Apsis eingefügt, im Westen ein einschiffiges Langhaus. Der Bau wurde um ein Geschoß erhöht. Außerdem wurden Querarme angesetzt, so dass aus dem Zentralbau ein Bau über kreuzförmigem Grundriss wurde. Bei den acht Säulen fallen vier Kapitelle auf: Sie könnten noch von dem karolingischen Bau stammen.

Die Wandmalereien der Bogenzwickel der Arkaden werden mit dem 11. Jahrhundert verbunden. Die Darstellungen zeigen eine Maiestas Domini, Christus, den Erzengel Michael, schreitende Engel und die Evangelistensymbole.

Bis heute ist die Stadtgestalt Fuldas von den umliegenden Bergen geprägt, auf denen zum Teil Stadtviertel mit alten Kirchen liegen. Die Vita des Bardo, des Propstes von Neuenberg und späteren Mainzer Erzbischof, beschrieb im 11. Jahrhundert die Stadt als Kreuz, in dessen Mitte die Erlöserkirche steht und an dessen Enden die vier Bergklöster liegen: Andreasberg, Frauenberg, Johannesberg, Petersberg.

Fulda, St. Michael
innen

NEUENBERG

Ihre Gründung steht in Zusammenhang mit dem Besuch Papst Benedikts in Fulda und dem Wunsch Heinrichs II. ein Reformkloster zu gründen. Es wurde auf dem Neuenberg errichtet; hier wurde 1023 eine Kirche dem Apostel Andreas geweiht. So begünstigt seine Gründung war, so wenig hatte das Kloster insgesamt Bestand und ging schließlich in den Wirren der Reformationszeit wieder unter.

Unter der heutigen, barock umgeformten Anlage verbirgt sich der ottonische Bau von Abt Richard. Der Gründungsbau war eine flach gedeckte, einschiffige Kirche mit stark ausladendem Ostquerhaus und halbkreisförmiger Apsis. Die Krypta, deren Gewölbe auf vier Säulen ruht, reicht in das Querhaus hinein. Die gesamte Ostpartie von St. Andreas ist bis heute sehr gut erhalten. Das durchgehende Ostquerhaus ist eine Rom-Reminiszenz, ist aber wohl nicht direkt über Alt-St. Peter, sondern von der nach römischem Vorbild errichteten Ratgarbasilika vermittelt worden. Im Bereich vor dem Choraltar, aber noch in der Krypta wurde 1039 Abt Richard bestattet. Dies entsprach dem neuen reformerischen Denken, das sich auch in einer gewissen Schmucklosigkeit äußert. Wände und Chorschranken waren kaum bemalt und die Fußböden mit grauem Estrich überzogen mit Ausnahme der Fliesen im Chor.

Beeindruckend sind die Gewölbemalereien der Krypta. In ihr durchdringen sich mittlere Längstonne und Umlauftonne, die auf monolithischen Säulen mit Würfelkapitellen ruhen. In drei Gewölbekappen befinden sich jeweils Malereien mit einem Heiligen in einer imago clipeata. Im äußeren Umgang ist eine Engelsprozession dargestellt. Im Scheitel im Osten befand sich der Altar. Auf ihn sind Malereien mit einem Christus in einer Mandorla und die Opfer Abels in der nördlichen Nische und Melchisedeks in der südlichen Nische bezogen. Diese Darstellungen aus Genesis 4,4 und 14,18 haben ikonographisch einen ganz besonderen Platz, da sie zu den ältesten Bildern der Präfiguration des Messopfers gehören.

PETERSBERG

Die Kirche auf dem Petersberg ist aus mehreren Gründen bedeutend. Sie ist eng mit Bonifatius verbunden, da sie die Grabeskirche der hl. Lioba wurde. Eine große kunsthistorische Besonderheit ist, dass die noch erhaltenen Altarplatten mit Tituli und die erhaltenen Bilder mit den von dem Fuldaer Abt Hrabanus Maurus für diese Kirche gedichteten Tituli übereinstimmen. Petersberg ist außerdem kunsthistorisch wichtig, da sich in ihr die einzigen Zeugnisse der romanischen Bildhauerkunst Fuldas erhalten haben. Einzelne Elemente in dieser Kirche waren an der einstigen karolingischen Salvatorkirche orientiert und geben daher einen Eindruck von manchem nicht mehr Erhaltenen.

Die erste Kirche hatte Hrabanus (822–842) als dreischiffige Basilika mit halbrunder Apsis und Krypta errichten lassen. Die Unterkirche bestand aus drei tonnengewölbten Nischen mit einem vorgelagerten tonnengewölbten Quergang. Die Patrozinien der Altäre und die Fresken hat er in einem Gedicht festgehalten, demnach war die Unterkirche Maria und die Oberkirche dem Salvator geweiht, also eine ähnliche Konstellation wie in Aachen (-> Aachen). 836 ließ Hrabanus die Gebeine der hl. Lioba aus der Abteikirche in die Krypta auf dem Petersberg überführen. Der Petersberg wurde zum Lieblingsaufenthaltsort von Hrabanus, bis er von hier 847 nach Mainz zog und dort Erzbischof war (-> Mainz). 915 erfuhr die Kirche auf dem Petersberg durch die heranstürmenden Ungarn Zerstörungen, bald danach wurde sie wiederhergestellt und mit Chorherren besetzt. Erst unter Abt Heinrich I. 1127–1133 kamen abermals Benediktiner auf den Petersberg. Nun setzte eine neue Bautätigkeit ein: Ein Oktogon wurde über dem Chorquadrat errichtet, in der Krypta wurde eine vierte Nische angefügt. Im Zuge dieser Veränderungen kam es auch zur Ausstattung mit den romanischen Reliefs, und in der Mitte der Kirche wurde ein Kreuzaltar nach dem Vorbild der Abteikirche in der Stadt errichtet. Aufgrund der nachfolgenden wechselhaften Geschichte wurde das Langhaus baufällig und im späten 15. Jahrhundert durch das heutige einschiffige Langhaus

Fulda, Petersberg, Bonifatius

ersetzt. Damals erhielten auch der Hauptchor und die mittlere Kryptanische eine gerade Abschlusswand. Beim Westturm stammt wohl nur noch das Turmuntergeschoß aus der Hrabanuszeit. Im tonnengewölbten Quergang der Krypta steht die »arca saxea«, die Hrabanus hier aufstellen ließ und die 836 bis zum Ende des 15. Jahrhunderts die Gebeine Liobas enthielt. In der verglasten Nische über dem Sarkophag befinden sich Reste des hölzernen Schreins, in dem Hrabanus Liobas Gebeine aus der Abteikirche hierher gebracht hatte. Lioba war eine Verwandte des Bonifatius, erzogen in

Kloster Thanet, und begab sich nach dem Vorbild des Bonifatius in die innerdeutsche Mission. Sie wurde Äbtissin in Tauberbischofsheim und verstarb um 782. Nach dem Willen des Bonifatius wurde sie zunächst in der Klosterkirche Fulda begraben und erst von Hrabanus auf den Petersberg gebracht. In der Krypta des Petersberges sieht man in der Mittelnische die Platte des Marienaltars, den Hrabanus hatte aufstellen lassen, darüber Malereien mit einer Marienmaiestas, in die linke Nische, deren Altar verloren ging, kam die Platte des ehemaligen Hauptaltars aus der Zeit Hrabanus'. Sie besitzt ein Reliquiensepulcrum für die Salvatorreliquien und romanische Reliefornamentik. Die Wandmalereien zeigen das Agnus Dei und die Taufe Christi, zu Seiten Propheten. Die rechte, stark veränderte Nische weist noch Reste einer Darstellung des Erzengels Michael aus der Entstehungszeit auf.

In der oberen Kirche befinden sich sechs romanische Reliefs an Triumphbogen und Langhauswänden. Links und rechts des Triumphbogens sind Christus als Maiestas Domini und Maria als Himmelskönigin eingemauert. An der Südwand des Langhauses ist das Relief des hl. Bonifatius mit Pallium und Bischofsstab eingemauert, dann eine fragmentarische Schlüsselübergabe an Petrus. An der gegenüberliegenden Wand zwei Herrscher und eine Hirschjagd. Ein für diese Reliefs typisches Element sind die Seilbänder. Alle werden in die zweite Hälfte des 12. Jahrhunderts datiert.

INFO

Dommuseum
Domplatz
36037 Fulda
Tel. 0661–87207
dommuseum@bistum-fulda.de

HEIDELBERG

Persönlich sah die Stadt einen Papst, als Kurfürst Ludwig III. den **Gegenpapst JOHANNES XXIII. (1410–1415)**, der aus Konstanz fliehen musste, ab 1415 und bis zur Wahl eines neuen Papstes inhaftierte. Der Kurfürst hatte wohl vielleicht zunächst einen Turm seines Schlosses in Heidelberg ausgewählt, dann seine Zollburg in Mannheim (-> Mannheim). Nach anderer Überlieferung war der Papst in der Nähe der Alten Brücke eingesperrt; denn in einem Brief an **Papst PAUL V. (1605–1621)** wird der Brückenaffe genannt: »ins Gefängnis, so man den alten Affen nennet«.

Dargestellt wurde im 17. Jahrhundert aber ein anderes Verlies: ein Turm auf halber Höhe des Heiligenberges, der in etwa beim heutigen Heiligenbergturm bzw. Heidenloch gelegen haben könnte.

Heidelberg ist landschaftlich sehr schön gelegen. Dort, wo der Neckar den Odenwald verlässt und in die Rheinebene fließt, erheben sich markante Gipfel: Königsstuhl und Heiligenberg. Dieser strategisch günstige Punkt wurde bereits in keltischer Zeit genutzt. Auf dem Heiligenberg erinnern noch die im Gelände gut ablesbaren Ringwälle an die frühe keltische Besiedlung. Deutlich später

wurde dieser Platz zur Errichtung zweier Klöster genutzt: Zunächst wurde 870 von Lorsch die Propstei St. Michael gegründet, dann etwas später im Jahr 1094 und etwas unterhalb St. Stephan. Beide Anlagen sind in ihren Grundrissen ergraben und in ihren Grundmauern noch recht gut im Gelände ablesbar. Im 16. Jahrhundert wurde St. Stephan aufgegeben und verfiel. Denkbar wäre, dass der Stecher des 17. Jahrhunderts die Klosterruinen als den geeigneten Gefängnisort in Erinnerung hatte. In der Nähe des Stephansklosters befindet sich das Heidenloch, um das sich bis heute schaurige Legenden ranken. Mit den Steinen von St. Stephan wurde 1885 ein Aussichtsturm errichtet. Von der Aussichtsplattform hat man einen vorzüglichen Blick auf den Königsstuhl, das Heidelberger Schloß und die Altstadt mit der Universität.

Heidelberg, Alte Brücke, Brückenaffe

Heidelberg, Schloss, Gefängnisturm Seltenleer

SCHLOSS

Wohl schon im 11. Jahrhundert bestand in Heidelberg eine Burg. Eine Stadtanlage, die sich bis heute in dem Straßennetz der Altstadt spiegelt, reicht in das 12. Jahrhundert zurück und ist mit dem Pfalzgraf bei Rhein, Konrad von Staufen (1134–1195) zu verbinden. Ihre Blüte erlebte die Stadt unter Kurfürst Ruprecht II. (1325–1398). Nun lag die Kurwürde und damit das Recht zur Wahl des römisch-deutschen Königs bei den Pfalzgrafen bei Rhein. Sie wählten Heidelberg als feste Residenz und verlegten auch ihre Verwaltung nach Heidelberg, was zu Umbauten der Burg und Veränderungen in der Stadt führte: Der Ruprechtsbau im Schloß entstand zwischen 1389 und 1410 – er liegt bei Betreten des Areals gleich hinter dem dicken Torturm. Abgesehen vom Ruprechtsbau ist kaum etwas von der Schlossanlage des frühen 15. Jahrhunderts erhalten. So kann man nur vermuten, dass Papst Johannes im Untergeschoss des Seltenleers eingekerkert war. Der schöne Name erinnert daran, dass dieses Verlies selten leer blieb. Dieser Turm markiert sozusagen die Ecke der heute inneren Grabenmauer zwischen Torturm und Ruprechtsbau, war damals die Südwestecke der äußeren Befestigung. Die heutige Ausdehnung und das heutige Gepräge des Schlosses sind durch die Bauten von Kurfürst Ludwig V. in der ersten Hälfte des 16. Jahrhunderts bestimmt. Kurfürst Ottheinrich (1502–1559) ließ den nach ihm benannten Trakt des Schlosses, den Ottheinrichsbau, ein bedeutender früher Renaissancebau in Deutschland, errichten. Nun hatte die Burg endgültig eher das Aussehen eines Residenzschlosses bekommen. Im pfälzischen Erbfolgekrieg 1689 und 1693 wurde die Schlossanlage zwei Male gesprengt. Fortan blieb das Schloss Ruine; denn die Kurfürsten verlegten ihre Residenz nach Mannheim. Mit der Romantik setzte ab dem späten 18. Jahrhundert eine große Begeisterung bei Malern und Poeten für diese Ruine ein. Sie war und ist bis heute ein begehrtes Reiseziel.

Zu den Eigentümlichkeiten der Heidelberger Burg gehört, dass es etwas oberhalb eine zweite Befestigungsanlage gibt: das sogenannte Alte Schloss. Es ist zu Fuß in etwa 15 Minuten bergan auf einem höher gelegenen Sporn des Königsstuhls im Bereich der sogenannten Molkenkur zu erreichen. Die traurigen Überreste der Anlage sind den Rekonstruktionszeichnungen auf den Tafeln im Wald zu entnehmen, da die Ruinen weitgehend unter Bewuchs liegen. Die Aussicht über Heidelberg lohnt den Aufstieg.

DIE HEILIGGEIST-KIRCHE

Außerdem kam es unter Ruprecht in Heidelberg zur Einrichtung von Verwaltungsgebäuden, die Stadt wurde erweitert und die Heiliggeist-Kirche erbaut. Ihre Errichtung hing eng mit der Gründung der Universität Heidelberg zusammen. Als im späten 14. Jahrhundert das abendländische Schisma ausgebrochen war, konkurrierten die **Päpste URBAN VI. (1378–1389)** und **CLEMENS VII. (1378–1394)**. Kurfürst Ruprecht I. von der Pfalz machte sich diesen Konflikt zunutze und unterstützte Urban. Dieser Papst war es auch, der Ruprecht 1386 die Genehmigung zur Gründung der Universität mit der Bibliothek der Artisten und den Fakultäten Jura, Theologie, Medizin in Heidelberg erteilte. Die aus Paris vertriebenen deutschen Studenten und Professoren kamen 1386 an die Universität Heidelberg, die die älteste Universität in Deutschland ist. Die Gründungsfeier der Universität fand in Heiliggeist statt. Um 1400 wurde diese Kirche von St. Peter getrennt und in den Rang einer Kollegiatskirche erhoben, um Universitätsangehörige mit Pfründen ausstatten zu können. Damals begann zusammenhängend mit dieser Rangerhöhung der Neubau eines Kirchengebäudes mit Hallenumgangschor aus lokalem roten Buntsandstein. Die Stiftskirche wurde die Grablege mehrerer Kurfürsten. Erhalten ist noch die Tumba von Kurfürst Ruprecht III. und seiner Gemahlin Elisabeth von Hohenzollern. Da 1438 in der Heiliggeist-Kirche die berühmte Biblioteca Palatina aufgestellt werden sollte, kam es zu einem Planwechsel: statt einer Basilika wurde eine Emporenhalle eingerichtet. Den Grundstock für die Biblioteca Palatina legte Kurfürst Ludwig III., als er

Heidelberg, Heiliggeist-Kirche

seine private fürstliche Bibliothek in die Kirche verbrachte und mit der Stiftsbibliothek vereinigte. Ihre Blüte erlebte die Biblioteca Palatina, als Kurfürst Ottheinrich (1502–1559) den universitären und den kurfürstlichen Buchbesitz auf den Emporen der Stiftsbibliothek von Heiliggeist zusammenführte.

Die Biblioteca Palatina war damals die berühmteste und wertvollste Bibliothek des Abendlandes. In sie waren, nachdem die Klosterbibliothek Lorsch aufgehoben worden war, auch die hochberühmten frühmittelalterlichen Buchschätze aus Lorsch gelangt (-> Lorsch). Als Heidelberg im 30-jährigen Krieg von der katholischen Liga erobert wurde, verlangte **Papst GREGOR XV. (1621–1623)** die Überführung der Biblioteca Palatina 1623 in die Biblioteca Vaticana. Lorsch bzw. Heidelberg haben daher Anteil an den herausragenden Beständen der heutigen Biblioteca Apostolica Vaticana.

1816 kehrten fast 900 meist deutschsprachige Handschriften wieder in die Universitätsbibliothek Heidelberg zurück.

Auf dem Weg von der Heiliggeist-Kirche zur heutigen Universitätsbibliothek stößt man auf den Barockbau der Alten Universität und gegenüber am Universitätsplatz die Neue Universität, die in etwa im Bereich des ehemaligen Augustinerklosters errichtet wurden. In diesem Gebiet der Stadt hatte bereits die erste Universität Heidelbergs im ausgehenden 14. Jahrhundert ihre Gebäude.

Annähernd vis-à-vis der Neuen Universität liegt der Jugendstilbau der heutigen Universitätsbibliothek, der 1901–1905 errichtet wurde. Er beherbergt auch die Altbestände, darunter die zurückgekehrten Palatina-Handschriften.

TIPP Im Ausstellungsraum der Bibliothek finden immer wieder Präsentationen der Altbestände der Bibliothek statt.

Die Lorscher Codices und große Teile der ehemaligen Palatina sind digitalisiert und über folgenden link einsehbar: http://digi.ub.uni-heidelberg.de/de/bpd/index.html.
So kann man sich von der sehr hohen Bedeutung dieser Bibliothek einen Eindruck verschaffen.

TIPP Stift Neuburg bei Ziegelhausen

Etwas den Neckar aufwärts, am orographisch rechten Ufer liegt die Benediktinerabtei Stift Neuburg. 1130 wurde das Kloster von Lorsch aus gegründet und nach wechselvoller Geschichte 1562 aufgelöst. Als die Klostergebäude nur noch fragmentarisch erhalten waren, wurde Stift Neuburg im 19. Jahrhundert der Treffpunkt der Romantiker. 1926 wurde die Abtei von Benediktinern der Beuroner Kongregation wiederbesiedelt. Ihr erster Abt war Adalbert, (Karl) Graf von Neipperg (1890–1948), der am 16. Juni 1929 die Abtsweihe erhielt. Seitdem lebt hier ein Konvent, der die Gärtnerei, den Obstgarten, Fischteich und die übrigen Klostergüter verwaltet. Die Ländereien laden zu einem Spaziergang, die Brauerei zu einer Führung, der Klosterladen zu einem Einkauf und die Gastronomie zu einer Stärkung ein. Die Betriebe wirtschaften nach ökologischen Gesichtspunkten.

Die spätgotische Klosterkirche St. Bartholomäus, die im Kern um 1300 entstand, hat vor wenigen Jahren eine Renovierung erfahren. Damals wurde auch eine spätgotische Sitzfigur, die dem Kloster als **Papst GREGOR I. DER GROSSE (590–604)** übergeben worden war, in der Kapelle, die zwischen Mönchschor und Kreuzgang liegt, aufgestellt. Herkunft und ursprüngliche Aufstellung der Holzskulptur sind unbekannt. Sie war ein Geschenk aus Heidelberger Privatbesitz. Eine genauere Betrachtung der Figur zeigt, dass die Physiognomie die des immer wieder als **Papst dargestellten PETRUS (+67)** ist. Auch die unter dem Gewand hervorschauenden, zur Verehrung dargebotenen Fußspitzen mit Sandalen lassen an Petrus denken. Der Heilige trägt Albe, Dalmatik, Kasel und Pallium. Die Skulptur ist farbig gefasst und durch Leinwandauflagen sind Teile der Fassung plastisch hervorgehoben. Sein Attribut in seiner Linken ist ein Buch. Die Schlüssel könnten verloren gegangen sein. Auf dem Haupt der Figur ist eine konisch zulaufende Tiara zu erkennen, eine Form der Papstkrone, wie sie z. B. aus dem Regensburger Dom von einer Petrusstatue mit Schlüssel und Buch aus der Zeit um 1320 bekannt ist. Bei dieser Skulptur sind

die drei seit **Papst BONIFAZ VIII. (1294–1303)** üblichen Kronreifen auf der Tiara aufgemalt, bei der Figur in Stift Neuburg ist das Triregnum durch drei Lilienreifen plastisch ergänzt. Buch und Cathedra sind Attribute des hl. Petrus und verweisen auf Petri Lehramt, die Schlüssel auf die Binde- und Lösegewalt Petri. Der Heilige in Stift Neuburg ist daher ein Petrus und ist als Papst dargestellt. Der niedrige Thron, der überlängte Körper, die Form der Tiara, das kleinformatige, doch dicke Buch mit den Schließen und die Schüsselfalten lassen an eine Skulptur der ersten Hälfte des 14. Jahrhunderts denken. Da sich im Thron höchstwahrscheinlich ein Reliquiengrab befand, stammt die Sitzfigur vermutlich aus einer Peterskirche, die vielleicht Petrusreliquien besaß und in der der Kirchenpatron daher besonders verehrt werden sollte.

Stift Neuburg, Klosterkirche

Stift Neuburg, Klosterkirche, Petrus als Papst

HORNBACH

Kloster Hornbach geht auf die Zeit zurück, als peregrini aus dem alemannischen Raum links und rechts des Rheins die Waldgebiete christianisieren und kultivieren sollten. Im Zuge dessen war der hl. Pirmin, der Klostergründer der Reichenau, um 741 in den hinteren Pfälzer Wald gelangt. Pirmin war bereits durch sein Wirken im Elsaß und in Alemannien mit der Familie der Widonen-Lambertiner in Kontakt gekommen. Dieser Familie entsprang Graf Warin, der Stifter von Hornbach. Bischof Chrodegang von Metz hatte seine Zustimmung zu dieser Gründung Pirmins gegeben.

Die ehemalige Klosterkirche St. Peter – im Hochmittelalter die reichste Abtei der Pfalz - wurde 1785 beim Neubau der evangelischen Pfarrkirche weitgehend abgetragen. Die wichtigsten Etappen der Baugeschichte, die sich aus Untersuchungen der letzten Jahre ergeben, sind: Der frühkarolingische Saalbau wurde durch Abt Weyermund, der mit 68 Mönchen im Reichenauer Gedenkbuch zum Jahr 814 eingetragen ist, durch einen Neubau der Kirche mit zwei halbrund schließenden Chören ersetzt. Im Westchor gab es einen Petrus- und einen Marienaltar. Weyermund ließ die Gebeine des hl. Pirmin erheben. Für Pirmins Grab hatte Hrabanus Maurus (-> Fulda, Mainz) einen Titulus verfasst. Ein Schüler von Hrabanus überliefert, dass die Pirmin-Reliquien hinter dem östlichen Altar beigesetzt wurden und über dem Grab ein Holzaufbau mit dem Titulus in goldenen Lettern angebracht worden sei. 827 wurde Pirmin bereits als Titelheiliger dieser Kirche genannt. Als im 11. Jahrhundert die Ostteite der Klosterkirche neu errichtet wurde, entstand ein rechteckiger Chor, der aus zweitverwendeten römischen Steinquadern errichtet wurde und im Innern eine runde Apsis ausbildete. Die Saalkirche des 11. Jahrhunderts wurde in eine flach gedeckte, dreischiffige Pfeilerbasilika von 74 m Länge umgewandelt, die um 1150 ein gewölbtes Querhaus mit Vierungsturm erhalten hatte. Damals wurde im Osten eine runde Apsis aufgemauert, die von zwei Türmen über rechteckigem Grundriss flankiert

Hornbach, Kloster St. Pirmin, Westturm

Hornbach, Stift St. Fabian

wurde. Die Vorkirche des 11. Jahrhunderts und die Doppelturmfassade im Westen wurden belassen.

1558 war das Kloster im Zuge der Reformation aufgehoben worden. Sein Verfall begann. 1705 war der Vierungsturm eingestürzt und 1755 einer der den Chor flankierenden Türme. Dennoch lohnt ein Besuch: Denn die Grundmauern der gewaltigen Anlage sind sehr gut im Gelände zu erkennen und abzuschreiten. Außerdem liegt hier das 1955/57 entdeckte Grab Pirmins. Der spätgotische Kreuzgang steht noch in Teilen aufrecht. Sowohl er als auch der Bereich des ehemaligen Refektoriums wurden in ein vor kurzem eröffnetes Hotel integriert.

Bevor das Kloster im 12. Jahrhundert an den Bischof von Speyer kam und dieser 1179 gemeinsam mit dem Kaiser die

Hornbach, Pirminskapelle

Hirsauer Reform einführte, war vermutlich noch gegen Ende des 10. Jahrhunderts ein Stift zu Ehren des **Märtyrerpapstes FABIAN (236–250)** neben dem Kloster errichtet worden. Denn war das Kloster als autarke Einheit auf sich konzentriert, so hatte die Stiftsgeistlichkeit sich um die Seelsorge vor Ort und in Hornbachs Besitzungen zu kümmern. In geistlichen und weltlichen Dinge hatte der Abt des Klosters das Sagen. Obwohl das Stift erst in einer Urkunde von 1142 erwähnt ist, wird davon ausgegangen, dass Abt Adalbert (972–993) das Stift St. Fabian gründete. Nach einer Urkunde Kaiser Lothars waren Fabian-Reliquien schon 865 in Hornbach; diese »in corpore« beigesetzten Knochen wurden dann unter Adalbert in das Stift transloziert. Reliquien von Papst Fabian hatte vermutlich

Hrabanus Maurus aus Rom nach Fulda gebracht (-> Fulda). In der 1012 entstandenen Pirminsvita wird das Stift bereits genannt. Zu den ideellen Rombezügen würde auch das auf vier Bilder verteilte Widmungsbild im Hornbacher Sakramentar passen (in Reproduktionen im Historama ausgestellt): Die erste Miniatur zeigt die Widmung des Schreibers Eburnant von der Reichenau an Abt Adalbert, die zweite die Übergabe des Buches durch Adalbert an Pirmin den Klostergründer, die dritte die Weitergabe durch Pirmin an den hl. Petrus, den ersten Bischof von Rom und Patron von Hornbach, und schließlich die vierte Miniatur, wie Petrus das Buch Christus übergibt. In Hornbach bestand über Petrus und den hl. Fabian daher eine ganz enge gedankliche Bindung an das päpstliche Rom. Von der Stiftskirche St. Fabian, so wie sie in der ersten Hälfte des 12. Jahrhunderts neu erbaut worden war, sind eindrucksvolle Reste erhalten: eine einschiffige Kirche in Quaderbauweise mit Vierungsturm und westlicher Empore. Im Innern der Vierung sind die Ansätze des Rippengewölbes bemerkenswert. Hier ist auch eine Atlantenfigur auf einem Löwen zu bestaunen. Direkt an St. Fabian wurde im 12. Jahrhundert die Michaelskapelle angesetzt, von der noch zwei Altarnischen und Bauornamentik an der nördlichen Wand erhalten sind.

In den Klostergebäuden hatte man im 16. Jahrhundert nach Auflösung im Zuge der Reformation eine Landesschule errichtet. 1826 wurde das Schulhaus im Bereich des Westbaus der ehemaligen karolingischen Kirche errichtet.

INFO Man sollte sich unbedingt die Zeit nehmen für einen Gang zu den Stadtmauern, die in Teilen aus dem 13. Jahrhundert stammen, und durch die schöne Altstadt spazieren. Durch das Klostertor mit der Hornbacher Elle gelangt man zum heutigen Hotel »Kloster Hornbach«. Hier liegt der Eingang in das Museum »Historama Kloster Hornbach« mit reichem historischen Material zur ehemaligen Klosteranlage, Baugeschichte und Baufragmenten, auch zu Hieronymus Bock, der 1533–1550 lebte und ein bedeutendes Kräuterbuch

Hornbach, Stadtmauer

verfasste. In diesem Buch beschrieb er die Wirkung von Küchen- und Heilkräutern. Beim Gang durch das Klosterareal und nördlich von der Evangelischen Kirche stößt man auf die 1957 über dem Grab des Heiligen errichtete Pirminuskapelle. Die Bronzetüren erzählen aus dem Leben des am 3. November 753 in Hornbach verstorbenen Heiligen. Über einige Sandsteinstufen in der Kapelle hinab gelangt man zu einer Fenestrella, die den Blick auf das Grab freigibt: es ist heute ein Kenotaph, da 1556 die Gebeine nach Innsbruck in die Jesuitenkirche überführt wurden.

TIPP Die Klosterstadt Hornbach ist Endpunkt des Pfälzer Jakobsweges (-> Speyer).

Einen vorzüglichen Eindruck, gerade auch von der historischen Bedeutung des Pfälzer Waldes mit seinen zahlreichen Burgen im Mittelalter, aber auch von der einmaligen Landschaft können Besucher zwischen Speyer und Hornbach auf dem Jakobsweg im Raum Annweiler gewinnen. Hier liegt die Burg Trifels, in der in staufischer Zeit die Reichskleinodien verwahrt wurden. Aufgrund dieser Bedeutung wurden vielleicht nicht ohne Zufall im Bauschutt der Burg Papstsiegel gefunden.

KÖLN

Die Anfänge einer christlichen Gemeinde reichen in Köln in römische Zeit zurück. Als erster Bischof ist der Petrusschüler Maternus 313 bezeugt (-> Trier). Schon seit spätrömischer Zeit war Köln eine Art Metropolitansitz. 639 ist bereits eine Petruskirche überliefert. Alter und Bedeutung der Kölner Kirche hatten zur Folge, dass Bischof Hildebold, der Hofkaplan Karls des Großen, einen neuen Dom errichtete. Fortan hatten die Kölner Erzbischöfe immer auch eine führende Stellung in der Reichspolitik. Erzbischof Brun (953–965) konnte den Einfluss der Kölner Kirche vermehren, indem er auch Herzog von Lothringen war. Die Kölner Erzbischöfe beanspruchten für sich das Recht der Königskrönung in Aachen (-> Aachen) und behielten dies vom 11. bis ins 16. Jahrhundert. Daher wundert es nicht, dass hochrangige Gäste nach Köln kamen. **Papst GREGOR VI. (1045–1046)** war gemeinsam mit Hildebrand, dem späteren Papst Gregor VII., in Köln. Wie berichtet wird, habe Kaiser Heinrich III. sie beide gut behandelt. Wo sie sich dort genau aufhielten, ist nicht überliefert. Gregor VI. verstarb wohl im November 1047 in Köln. **Papst LEO IX. (1049–1054)** kam 1049 nach Köln zu einer Altarweihe und reiste dann mit Hildebrand gemeinsam nach Rom. 1980 und 1987 besuchte **Papst JOHANNES PAUL II. (1978–2005)** Köln.

DOM ST. PETER

Der Dom, den Papst Gregor und Papst Leo sahen, kann nur noch über Ausgrabungen, eine Darstellung in der Buchmalerei und weitere Quellen rekonstruiert werden. Es war der karolingische Dom mit baulichen Erweiterungen Erzbischof Bruns. Diese Bischofskirche war eine Basilika mit zwei Chören – der östliche war Maria, der westliche Petrus geweiht - und Querhaus. Petrus war der Hauptpatron. Große Teile des Kölner Doms, wie er sich heute dem visuellen Gedächtnis eingeprägt hat, entstammen dem 19. Jahrhundert, denn damals

Köln, Dom, Ostchor

wurden Langhaus und Türme des gotischen Neubaus vollendet. Der Hochchor des Kölner Domes ist der einzige Bauteil, der im Mittelalter in seiner vollen Höhe fertig gebaut werden konnte. Mit dem gotischen Dom wurde 1248 begonnen. Er sollte nach französischem Vorbild eine Westfassade mit zwei Türmen erhalten. Der Bau begann im Osten. Die Chorkapellen konnten bereits 1260–1270 in Betrieb genommen werden. Zum Binnenchor hin gab es Abmauerungen, bis dieser um 1300 eingewölbt und dann 1322 geweiht wurde. Dabei wurde der Hochaltar dem Hauptpatron Petrus geweiht. Nun bestanden Trennmauern zur Vierung und zur Baustelle des Langhauses hin. Ob sie genug Absperrung waren, um die Liturgie im Chor nicht zu stören, ist fraglich, wenn Samuel Kiechel 1558 sich beklagte, dass im Langhaus »... alle tag under wehrender mess vül hundert personen drin spazüren gehen« und laut schwatzend die Messe störten. Der Hauptzugang zum Chor erfolgte über das Südquerhaus mit Blick auf die 3,70 m hohe Skulptur des hl. Christophorus von 1470 am Südpfeiler des westlichen Chorumgangs. Sein Anblick sollte vor jähem Tod bewahren.

Bei dem neuen französischen Bauvorhaben konnte der Hauptpatron Petrus im Westen nicht mehr gebührend geehrt werden. Daher mussten für ihn neue Plätze gefunden werden: Als um 1300 die Chorpfeilerfiguren mit Christus, Maria und den Aposteln aufgestellt wurden, wurde Maria zur Rechten Christi und Petrus zu dessen Linken platziert.

Im Chor wurde 1311 ein riesiges Chorgestühl aufgestellt mit 104 Sitzen, wobei für Papst und Kaiser Ehrenplätze jeweils ganz im Osten der Sitzreihen reserviert sind. Papst und Kaiser waren Ehrendomherren. Als Papst Johannes Paul II. 1980 nach Köln kam, nahm er in diesem angestammten Sitz im nördlichen Chorgestühl Platz. Das Gestühl lehnt an den nur teilweise zurückgebauten Abmauerungen zwischen den Arkaden. Sie fanden als Chorschranken Verwendung und wurden wenige Jahre nach Aufstellung des Gestühls mit Malereien versehen. Die Schranken der Nordseite zeigen von Ost nach West Szenen aus dem Leben des Hauptpatrons, anschließend Begebenheiten aus der

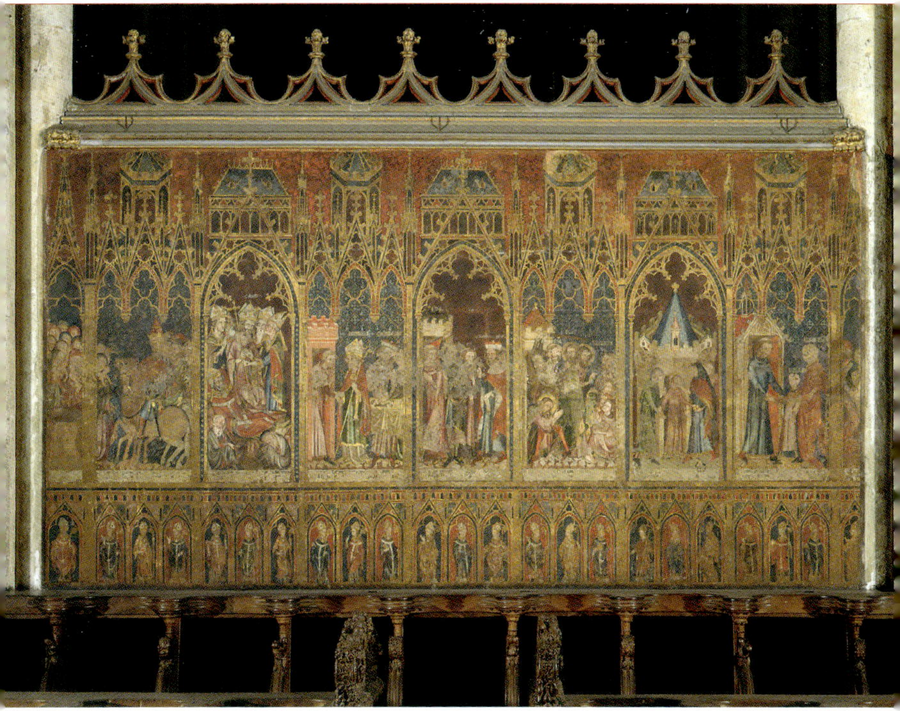

Vita von **Papst SILVESTER I. (314–335)**, von dem der Dom auch eine Reliquie besaß. Am besten lassen sich die Szenen von Ost nach West von dem Gitter im südlichen Chorumgang mit einem Fernglas studieren.

Es beginnt nahe dem Papstsitz mit der Berufung der Apostel Petrus und Andreas durch Christus, während die Apostel von einem Boot aus fischen. Dann folgt die Darstellung Petri im Kerker, anschließend Petri Stuhlfeier, bei der Petrus die Mitra aufgesetzt wird. Die nächste Szene zeigt die Begrüßung Petri und Pauli in Rom durch Umarmung, wobei Petrus als Bischof dargestellt ist. Es folgen die Szenen: die Apostelfürsten vor Nero, der Sturz des Simon Magus, das Martyrium Petri durch Kreuzigung und Pauli durch Enthauptung. Der Maler hat Kaiser Nero, der zuschaut, mit Eselsohren versehen, was sonst oft das Attribut der Narren ist.

Köln, Dom, mittlere nördliche Chorschranke, Legende zu Papst Silvester I.

Die zweite Abschrankung zeigt in ebenfalls sieben Szenen die Legende von Silvester von seiner Erziehung im ersten Bildfeld, über die Gefangennahme im vierten, die Befreiung im fünften und die Erhebung zum Papst im sechsten (Silvester ist wie Petrus als Bischof dargestellt) bis zu Konstantins Blutbad.

Die Wandmalereien der dritten Abschrankung führen die Geschichte von Papst Silvester, Konstantin und Helena fort: Die ersten beiden Bilder befassen sich mit dem Traum Konstantins, in dem ihm die Apostelfürsten erscheinen und dann die von Papst Silvester präsentierten Apostelbilder als die richtigen erkannt werden. Es folgt die Szene der Taufe Konstantins durch den Papst, dann die Verleihung der Tiara durch Konstantin an Silvester. Danach schließen an: Silvester diskutiert mit den Juden, der Papst erweckt den Stier, Helena und die Juden werden von Silvester getauft.

Im Register unter den Viten wurden auf der Petrusseite ab Bischof Maternus (-> Trier) die Kölner Bischöfe als frontale Standfiguren und damit als Nachfolger Petri dargestellt. Die Bischofsreihe im Anschluss an den Petrus-Silvester-Zyklus wirft Licht auf das Amtsverständnis der Kölner Erzbischöfe. Die südlichen Chorschranken wurden mit Szenen aus der Marienlegende und der Legende der Heiligen Drei Könige bemalt. Der Bischofsreihe im Norden entspricht die Kaiserreihe ab Julius Caesar im Süden, wo der Kaiser seinen Sitz im Chorgestühl hat. Bis zu den Veränderungen der Barockzeit befanden sich nahe den Ehrensitzen am nördlichen Pfeiler eine Standfigur von Papst Silvester und am südlichen eine von Kaiser Konstantin.

Zu besonderen Festen, wie Cathedra Petri, wurden die Petrusreliquien, wie Petri Kettenglied und Petrusstab, auf den Hochaltar gesetzt. Am 31. Dezember brachte man das Büstenreliquiar von Papst Silvester auf den Hochaltar. Eine graphische Wiedergabe von 1671 dieses nicht mehr erhaltenen Reliquiars stammt von Schonemann und kann in einer Reproduktion im Domschatz betrachtet werden. Man darf davon ausgehen, dass Kerzen für festlichen Glanz und Altarantependien und –vorhänge für eine feierliche Umgebung sorgten.

Heute werden diese Bezüge der Kölner Bischöfe auf Petrus und die Päpste vermutlich kaum wahrgenommen. Besucher werden vielmehr vom Dreikönigsschrein in den Bann gezogen, der hinter dem gotischen Hochaltar in Panzerglas aufgestellt ist. Er wurde um 1190 bis etwa 1220 von Nikolaus von Verdun und weiteren beteiligten Werkstätten aus Rhein- und Maasland als gewaltiges Reliquiar angefertigt. 1164 war ein Teil der Gebeine der Heiligen Drei Könige durch Rainald von Dassel von Mailand nach Köln überführt worden. Für diese Reliquien wurde nun ein Schrein angefertigt, der mit Gemmen, Edelstein, Email und Goldschmiedearbeit höchst aufwendig geschmückt ist. Entsprechend den Heiligen Drei Königen besteht er eigentlich aus drei Schreinen, die so zusammengefügt sind, dass die Gesamtform einer dreischiffigen Basilika entspricht. Das komplexe Bildprogramm des Schreins erzählt in einer Fülle an Darstellungen die Heilsgeschichte bis zum Weltgericht. Der gotische Domchor ist letztlich ein gewaltiger gebauter zweiter Schrein für diese Reliquien.

Auf dem Weg durch den Chorumgang stößt man auf die Agneskapelle (erste Kapelle rechts vor dem Chorhaupt) mit dem Hochgrab der seligen Irmgardis von 1270/80. Nach einer Legende soll sie im 10. Jahrhundert nach Rom gepilgert sein und das Haupt von Papst Silvester nach Köln gebracht haben. Dabei sei sie in Rom in S. Paolo fuori le mura einem Kruzifix begegnet, der zu ihr sprach und ihr einen Gruß an das Gerokreuz in Köln auftrug. In Erinnerung an diese Legende wurden an die Wand dieser Kapelle zwei Kruzifixe gemalt, der eine dem Gerokreuz ähnlich, der andere dem Volto-Santo in Lucca ähnlich statt dem in S. Paolo. Offenbar ist das ein Versehen des Malers.

Die Reliquien spielten auch bei den Bildprogrammen der Glasfenster eine Rolle: Südlich neben der Agneskapelle, in der Michaelskapelle, ist Papst Silvester als Standfigur im Papstornat in einem Fenster gezeigt, in dem auch weitere Heilige sind, von denen der Dom Reliquien bekam. Das Fenster wurde 1322 in die westliche Abmauerung des Chors eingesetzt und später hierher transferiert, stand also ursprünglich in Bezug zu den Malereien im Binnenchor.

Köln, Domschatz, Petrusstab

In der Kreuzkapelle zieht auf dem 1319 geweihten Severinsaltar das sogenannte Gerokreuz aufgrund seiner archaischen Wirkung die Blicke auf sich. Es wird mit Erzbischof Gero (969–976) verbunden und gehört zu den wenigen aus dieser Zeit erhaltenen Großkreuzen (-> Aschaffenburg). Das Gerokreuz galt spätestens im Spätmittelalter als wundertätig und wurde daher an seinem angestammten Platz auch in den Barockaltar von 1683 integriert. Es ist davon auszugehen, dass Papst Gregor VI. dies Kreuz im alten Dom sah.

Von der Kreuzkapelle führt eine Tür in die vormalige Sakristei, auch des alten Domes, heute Sakramentskapelle. Hier wurde das Silvesterhaupt verwahrt, das nach einer Legende die selige Irmgardis aus Rom nach Köln gebracht hatte. Das vermutlich nach der Mitte des 14. Jahrhunderts ausgeführte Büstenreliquiar wurde jedes Jahr ein Mal in einer Prozession um die Mauern der Stadt und nach St. Aposteln und wieder zurück getragen.
Von hier führt der Weg zum Domschatz.

DOMSCHATZ

An das Petruspatrozinium des Doms gemahnen zwei Stücke im ersten Raum gleich links in der Vitrine ganz besonders. Der Petrusstab (Inv. L 24) und das Glied aus Petri Kette (Inv. L 7). Beide sind durch Erzbischof Bruno (+965) von Metz nach Köln gelangt und waren bis zur Ankunft der Gebeine der Heiligen Drei Könige die Hauptreliquien in Köln. Sie sind Symbole der engen Verbindung zwischen Rom, den Päpsten und den Kölner Erzbischöfen.

Der Stab wirkt gegenüber dem Trierer Stab (-> Limburg) fast schmucklos, ist aber hochbedeutend. Holzstab und Elfenbeinknauf werden in das 4. Jahrhundert datiert und nach Rom lokalisiert. Sie gelten als Teil des einzigen erhaltenen spätantiken Konsularstabs, der bisher bekannt ist. Die karolingische Herzblattmanschette wird mit Toul verbunden, wo der Stab lag, bevor ihn 930 Bischof Gauzlinus nach Metz geschenkt hatte. Die anderen Manschetten wurden in Köln im 14. und 16. Jahrhundert ergänzt. Um 1500 wurde für das Kettenglied in einer Kölner Werkstatt eine kostbare Turmmonstranz angefertigt, aus Bergkristall, Glas, vergoldetem Silber und Kupfer. So konnte die Reliquie an entsprechenden Festen gewiesen werden. Glieder von Petri Kette bekamen in Deutschland neben Köln auch Aachen, Bamberg und Blaubeuren (-> Aachen, Bamberg, Blaubeuren).

In diesem Raum ist eine Reproduktion des barocken Heiltumsinventars ausgestellt. Als Nummer 6 fungiert das Büstenreliquiar von Papst Silvester I. mit Tiara.

Steigt man hinab zur Schatzkammer, so entdeckt man eine gotische Inschrift, die von der Sakristei hierher gebracht wurde. Die Inschrift benennt eine Stiftung von Holz, das zur Beheizung der Sakristei diente. Diese Stiftung geht auf Richeza, die Königin von Polen, zurück. Richeza war um 1036 nach Köln zurückgekehrt. Möglichweise trug eine beheizte Sakristei dazu bei, dass sich Papst Gregor VI. in Köln so wohl fühlte. In päpstlichem Kontext steht die Papstmonstranz, die 1844 in Paris in teils vergoldetem Silber gefertigt wurde. Sie erinnert an Goldschmiedearbeiten der italienischen Renaissance. 1848 schenkte sie **Papst PIUS IX. (1846–1878)** an das Kölner Domkapitel.

WEITERE SEHENSWÜRDIGKEITEN:

Unter den sehenswerten romanischen Kirchen Kölns ist an St. Kunibert zu erinnern, das ursprünglich **Papst CLEMENS I. (88–97)** geweiht war. Ferner sind zwei Kirchen im Kontext der Päpste von besonderem Interesse.

ST. MARIA IM KAPITOL

Der Name der Kirche erinnert daran, dass die Kirche auf den Resten des Kapitols des römischen Köln errichtet wurde. Erzbischof

Bruno hatte hier das erste Benediktinernonnenkloster seiner Diözese gestiftet. In Nachahmung römischer Liturgie feierten die Kölner Erzbischöfe an Weihnachten die Mitternachtsmesse im Dom St. Peter, für die erste Weihnachtsmesse zogen sie nach St. Maria im Kapitol. Der um 1040 begonnene Neubau mit seiner Dreikonchenanlage und Langhaus sollte auf die Geburtskirche in Bethlehem Bezug nehmen. Hier weihte Papst Leo IX. gelegentlich seines Besuchs 1049 den Kreuzaltar, für den 1049 das dem Reichskreuz ähnliche Herimannkreuz (heute im Diözesanmuseum in Köln) gedacht war. Die Weihe durch Leo ist in einem modernen Glasfenster der Kirche festgehalten. An Rom und die spätantike-frühchristliche Kirchenausstattung erinnert der im südlichen Seitenschiff aufgestellte Türflügel, der vor 1065 fertig war. Er zeigt einen ausführlichen heilsgeschichtlichen Bildzyklus, wobei mehrere Szenen der Geburt Christi und den Ereignissen in Bethlehem gewidmet sind.

ST. SEVERIN

In der Kirche St. Severin wird **Papst CORNELIUS (251–253)** besonders gedacht. Links im Chor befindet sich in einer Art Wandschrank ein Büffelhorn aus der zweiten Hälfte des 14. Jahrhunderts mit gotischer Silberfassung, das als Corneliushorn verehrt wird (-> Aachen, Kornelimünster). Jeden Donnerstag kommt es bei der Hörnchenmesse in St. Severin zum Einsatz. In der Margarethenkapelle an der Chorsüdseite ist auf einem Altarbild von 1520 Cornelius mit der hl. Agatha dargestellt. Auch am Sakramentshaus von 1607 hat er einen Platz gemeinsam mit Severin erhalten.

KONSTANZ

Weltberühmt wurde die Stadt aufgrund des Konstanzer Konzils, das 1414–1418 tagte. Bedeutung, Alter und Lage an einer wichtigen Verkehrsachse spielten sicherlich eine Rolle dabei, dass König Sigismund das Konzil nach Konstanz einberief. Es ist das 16. in der Liste der Konzilien und das einzige, das auf deutschem Boden stattfand. Dank dieser Kirchenversammlung hatte die Stadt gleich zwei Kirchenoberhäupter zu Besuch: **Gegenpapst Johannes XXIII. (1410–1415)**, der das Konzil eröffnete, und **Papst Martin V. (1417–1431)**, der als neues Kirchenoberhaupt wieder nach Rom zurückreiste. Somit ist Konstanz neben Worms (-> Worms) ein zweiter Ort einer Papstwahl in Deutschland. Johannes XXIII. hingegen floh auf spektakuläre Weise aus Konstanz und wurde zunächst in Gottlieben, dann in Heidelberg (-> Heidelberg) und dann in Mannheim (-> Mannheim) gefangen gehalten. Ziele der Versammlung waren, nach der Rückkehr der Päpste aus Avignon den neuen rechtmäßigen Papst zu bestimmen, das Schisma zu beenden und die Einheit der Lehre wieder herzustellen. Die Konzilsteilnehmer waren zahlreiche hochrangige Würdenträger aus ganz Europa, die ihren Hofstaat mitbrachten. Man hat geschätzt, dass zu diesem Anlass etwa 70.000 Teilnehmer in der Bodenseestadt zusammenkamen. Dies führte zu einem internationalen Austausch, auch in den Bereichen Kunst und Kultur. Die Unterbringung und Versorgung der Konzilsteilnehmer war eine Herausforderung für die Stadt Konstanz. Es wurden Herbergen eingerichtet, in denen die Bettbezüge alle zwei Monate erneuert werden sollten. Dafür benötigte man Unterstutzung auch von weiter her. So kam z. B. der Koch Johann von Bockenheim nach Konstanz (-> Worms). Es ist spannend die Orte abzuschreiten, an denen die beiden Päpste in Konstanz in Konzilsangelegenheiten unterwegs waren und sich aufhielten.

Nähert man sich mit der Bahn oder dem Auto der Stadt, so bewegt man sich in etwa auf bzw. parallel zu der alten römischen Fernstraße von Petershausen in die Stadt. Im heutigen Straßennetz zeichnet sich immer noch diese Fernverbindung ab, aber auch der

Umriss des römischen Kastells aus der Zeit um 300, das auf dem Moränenrücken errichtet wurde. An diesem strategisch günstigen Ort wurde bereits an der Wende vom 6. zum 7. Jahrhundert ein Bischofssitz eingerichtet. Dies Bistum wurde zum Mittelpunkt einer der größten deutschen Diözesen. Es reichte bis weit in die Alpen hinein. An dieser wichtigen Verkehrsader wurde im 9. und 10. Jahrhundert die Kirche zu Unserer Lieben Frau erbaut. In und um das ehemalige Kastell entstand eine Kirchenfamilie, die sowohl ideell mit ihren Standorten Rom nachbildet, als auch mit ihren Patrozinien (St. Stephan, St. Peter, Unsere Liebe Frau, St. Johann, St. Laurentius, St. Paul) an Rom erinnert. Solch ein Stadtorganismus sollte schon im 10. Jahrhundert Nähe zu Papst und Kaiser andeuten. Petershausen, das jenseits des Rheins errichtet worden war, wurde dem hl. Petrus, dem ersten Papst, und dem Kirchenlehrer, **Papst GREGOR I. DEM GROSSEN (540–604)** geweiht. Die Verdienste der Bischöfe Konrad (934–975) und Gebhard II. (979–995) bei dem Ausbau der Kirchenfamilie waren so groß, dass sie im 12. Jahrhundert heiliggesprochen wurden. Bis ins 13. Jahrhundert war Konstanz eher eine Bischofsstadt. Dann bekam der Handel aufgrund der verkehrsgünstigen Lage mehr Gewicht. 1192 wurde Konstanz freie Reichsstadt. Durch Pfahlkonstruktionen vergrößerte sich das Stadtgebiet in Sumpfflächen des Sees hinein, Steinbauten in der Stadt nahmen zu. Nun gewann das bürgerliche Stadtregiment an Bedeutung. Mailänder Kaufleute handelten in Konstanz. Dies war das ›zweite‹ Rom, in dem sich die Päpste Johannes und Martin im 15. Jahrhundert bewegten. Als Konstanz 1548 seinen Status als freie Reichsstadt verloren hatte und es in die habsburgischen Provinzen einverleibt worden war, nahm seine Bedeutung sehr ab. Oft brachte allerdings gerade solch ein Bedeutungsverlust auch den Erhalt der mittelalterlichen Altstadt mit sich.

Außerdem: Aufgrund der Lage an der Schweizer Grenze blieb Konstanz im Zweiten Weltkrieg unzerstört. Nachts wurde das Licht in der Stadt nicht ausgeschaltet, so dass aus der Luft gesehen Konstanz mit dem anliegenden Kreuzlingen der neutralen Schweiz verschwamm. Diesen Umständen ist die vorzügliche Erhaltung des mittelalterlichen Altstadtensembles zu verdanken.

Nähern wir uns mit dem Schiff der Stadt Konstanz, so blinken uns wie ein Leuchtturm vier Goldscheiben entgegen am Giebel des Münsters: Sie zeigen Christus zwischen zwei Engeln, das Brustbild des Pelagius, den Johannes-Adler und das Brustbild Konrads. Es sind Kopien der Originale. Wie auch heute, so wiesen sie schon im frühen 15. Jahrhundert den Besuchern des Konzils den Weg. In die Hauptkirche von Konstanz begaben sich die Konzilsteilnehmer für Gottesdienste und große liturgische Feiern, Generalkongregationen und Versammlungen. In der Weihnachtsnacht 1414 war König Sigismund Königskanoniker und sang als Diakon das Evangelium. Am 5. November 1414 wurde das Konzil mit einem feierlichen Gottesdienst im Münster eröffnet, am 11. November 1417 spendete der im Konzilsgebäude gewählte Papst Martin V. dem Volk den Papstsegen. Im Münster wurde er geweiht und schließlich am 21. November 1417 gekrönt. Das letzte kirchliche Hochfest, das Martin in Konstanz verlebte, war Pfingsten 1418. Er feierte im Münster am 16. Mai 1418 die Papstmesse und trat tags darauf die Rückreise nach Rom an.

MÜNSTER UNSERE LIEBE FRAU

Papst PIUS XII. (1939–1958) hatte das Konstanzer Münster 1955 zur Basilica minor ernannt. Wenngleich die Kirche bereits in der Vita des hl. Gallus erwähnt ist, wird sie urkundlich erst um 780 fassbar. Eventuell ähnelte dieser frühe Bau der Klosterkirche in St. Gallen und war eine dreischiffige querschifflose Säulenbasilika mit Dreizellensanktuarium. Der heutige Bau trägt noch das Gepräge, das ihm Bischof Lambert (995–1018) gegeben hatte: Er ließ auf altem Grundriss eine dreischiffige Basilika errichten, bei der die Ostteile mit den drei Zellen aus dem Vorgängerbau übernommen wurden, jedoch ein Querhaus eingefügt wurde. Die Westturmfassade wirkt blockhaft, die Ostteile sind von spätgotischen Erneuerungen des 15., aber auch 16. Jahrhunderts bestimmt, die die Gewölbe und Kapellen

Konstanz, Münster

betrafen. Die im Grunde hochmittelalterliche Form tritt am Außenbau bis heute klar hervor und war zu Zeiten des Konzils noch prägnanter ausgeprägt.

Begeben wir uns zunächst in die Krypta aus dem 8. bis 10. Jahrhundert, eine Hallenkrypta zu neun Jochen mit zwei Anräumen. Hier befindet sich ein Steinsarkophag als Reliquiengrab des hl. Pelagius. 904 hatte Bischof Salomon III. (890–919) aus Rom die Gebeine des Heiligen mitgebracht. Wie in der Richentalchronik gezeigt, standen bei wichtigen Handlungen gerade auch im Rahmen des Konzils die Reliquiare auf den Altären. Sicherlich begaben sich die Konzilsteilnehmer auch in die Krypta, um den Beistand der Patrone im Vorfeld von Entscheidungen zu erbeten. Heute sind in der Unterkirche die Originale der großen wohl um 1000 auf der Reichenau entstandenen Christusscheibe, aber auch der anderen späteren Scheiben mit den beiden Patronen, Konrad und Pelagius, sowie dem Johannesadler aufbewahrt. Ihre ursprüngliche Funktion ist nicht geklärt; Kopien sind heute am Außenbau angebracht.

Wenn man wieder hinauf ins Kirchenschiff geht, findet man vor den Hochchorstufen eine Grabplatte aus englischem Granit. Sie wurde für Robert Hallum den Erzbischof aus Salisbury angefertigt. In diese Platte, die mit Messing gerahmt wurde, ist er als Standfigur eingraviert. Der Erzbischof hat am Hochchor einen vornehmen Platz erhalten; er war 1417 während des Konzils in Schloss Gottlieben, wo Konzilsteilnehmer einquartiert waren, verstorben. In Konstanz sollte die Erinnerung an ihn wach bleiben, und daher wurde diese Grabplatte aus England importiert.

Der Rundgang führt weiter in einen Zentralbau, die Mauritiusrotunde, die um 940 errichtet wurde. Der Bauherr, Bischof Konrad, orientierte sich bei dem um die Hälfte verkleinerten Rundbau an Jerusalem. In ihm befindet sich ein kleinerer Zentralbau über dem Grundriss eines Zwölfecks aus der Zeit um 1260, der sich als Heiliges Grab versteht. Die von frühgotischen Lanzettfenstern durchbrochene Kleinarchitektur ist im Äußeren mit anmutigen Skulpturen geschmückt, die von der Verkündigung bis zur Anbetung der Könige das Geburtsgeschehen berichten. Zwischen den Wimpergen sind die zwölf Apostel aufgestellt.

Das Innere ist dem Thema der Auferstehung gewidmet. Heute befindet sich hier ein Sarkophag, der wohl in späterer Zeit als Ersatz für eine silberne Christusfigur hinzukam. Der Skulpturenschmuck zeigt die Wächter, den Engel und die drei Marien, die Salben besorgen, um Christus einzubalsamieren. Solche Kleinarchitekturen dienten der szenischen Aufführung der Osterliturgie.

Ursprünglich war an die Rotunde eine **Papst SILVESTER I. (314–335)** geweihte Kapelle angefügt. Diese wurde um 1300 vom Rundbau abgetrennt. Nun ist die Silvester-Kapelle ein zweijochiger Raum mit einem vierstrahligen Sterngewölbe um eine Mittelraute. An der Ostwand zu Seiten des Fensters ist der heilige Papst als Standfigur dargestellt. Die Malereien an den Wänden zeigen einen Passionszyklus.

Im Bereich des Kreuzgangs wurde die Erinnerung an Papst Martin besonders gepflegt. Über lange Jahre wurde ein Messbuch in einer Kapelle am Kreuzgang verwahrt, das mit dem Namen des Papstes verbunden wurde. Heute befindet sich dieser Codex in den Sammlungen des Rosgartenmuseums. Anderes, was vielleicht in den Kirchenschatz gekommen war, fiel 1529 dem Bildersturm zum Opfer. Daher ist der Kirchenschatz seiner frühen Stücke so gut wie beraubt.

Das Münster war während der Konzilsjahre immer wieder Versammlungsort. Wie bei Richental dargestellt, wurde es für diesen Zweck mit Holztribünen umgerüstet. 1415 wurde Jan Hus im Münster zum Ketzer verurteilt. Auch zwei weitere Kirchen von Konstanz waren in die Konzilsabläufe eingebunden.

KATHOLISCHE PFARRKIRCHE ST. STEPHAN UND ST. NIKOLAUS

Wie Unsere Liebe Frau wird auch St. Stefan bereits im frühen 7. Jahrhundert in der Gallusvita genannt. Im 9. Jahrhundert war hier ein Chorherrenstift. Unter Bischof Ulrich II. (1127–1138) erfolgte ein Neubau. Es entstand eine dreischiffige Säulenbasilika mit tiefem rechteckigen Westchor. Ab dem späten 14. Jahrhundert erfolgte

Konstanz, St. Stephan

erneut ein Neubau. Die Hölzer des Dachwerks können dendrochronologisch auf 1390–1392 datiert werden. Während des Konstanzer Konzils tagte hier mehrmals das päpstliche Gericht (Sacra Rota Romana). Die Teilnehmer des Gerichts sahen eine querschifflose, dreischiffige, ungewölbte Basilika zu sieben Jochen mit 3/8 polygonal schließendem Chor. Der Lettner kam erst 1436 hinzu, der Turm 1438. Beachtung ist auch dem geschnitzten Chorgestühl um 1300 zu schenken: Es handelt sich um Teile des Gestühls, das im Münster stand.

KATHOLISCHE DREIFALTIGKEITSKIRCHE

Nach den Dominikanern hatten sich im 13. Jahrhundert als weiterer Bettelorden in Konstanz die Augustinereremiten niedergelassen. Im Kloster der Augustinereremiten war König Sigismund

mit Gemahlin und Gefolge einquartiert. Als Dank und zur Erinnerung daran tätigte er mit seiner Gemahlin 1417 eine Stiftung: die sogenannten Konzilsfresken im Mittelschiff der Dreifaltigkeitskirche. Da es sich um eine Stiftung des Herrscherhauses handelt, sind in den Arkadenzwickeln auch die Stifter dargestellt. In nur vier Monaten fertigten Heinrich Grübel, Kaspar Sünder und Hans Lederhoser im Jahr 1417 den Zyklus an. Er zeigt aber nicht etwa Konzilsereignisse, sondern Begebenheiten aus der Geschichte des Ordens der Augustinereremiten. Die in der Barockzeit übermalten Wandmalereien wurden 1904 bis 1908 freigelegt. Bei jüngsten Restaurierungen im Rahmen des Konzilsjubiläums wurden unter dem heutigen Fußboden Reste eines Lettners mit Seitenaltären entdeckt. Er gibt Aufschluss zur Farbfassung der ersten Kirche. Offenbar musste aufgrund von Feuchtigkeit das ursprüngliche Fußbodenniveau aufgegeben werden.

Konstanz, Dreifaltigkeitskirche

KONZILSGEBÄUDE

Vom See aus wird die Stadtansicht von Konstanz durch das Konzilsgebäude bestimmt. Ursprünglich war der zweigeschossige Saalbau ein Kaufhaus, das bis ins 19. Jahrhundert fast unverändert in Gestalt und Funktion blieb. Heinrich Arnold hatte es ab 1388 als städtisches Kaufhaus errichtet. Auffallend sind die massiv gemauerten Umfassungswände. Das Gebäude besitzt im Erdgeschoß und im ersten Stock jeweils eine dreischiffige Halle, deren Decken von je sieben mächtigen Eichenständern getragen werden. Im ersten Obergeschoß sind hohe steinerne Kreuzstockfenster zu erkennen. Das für uns heute ungewöhnliche Dach wird 1390 datiert. An den beiden Schmalseiten befindet sich je ein hohes Spitzbogentor. In diesem Kaufhaus wurde vor allem der Fernhandel mit Oberitalien von Leinen und Leinwand abgewickelt. Daher war es äußert praktisch, dass einstmals direkt vom See aus Schiffe an das heute zugemauerte Wassertor kommen konnten.

Der Bau war geradezu prädestiniert, um während des Konstanzer Konzils das Konklave aufzunehmen: War das Kaufhaus doch abgeschottet und besaß große Säle. Das Konklave trat am 8. November 1417 zusammen – am 11. November 1417, dem Tag

Konstanz, Konzilsgebäude

Konstanz, Rosgartenmuseum

des hl. Martin von Tours, ertönte aus ihm das »habemus papam« und aus ihm ging Kardinal Oddo Colonna als Papst Martin V. hervor, der den Namen des Tagesheiligen annahm. Weitere Schritte auf dem Weg der Papsterhebung vollzogen sich dann wieder im Münster. An dies denkwürdige Ereignis erinnert eine Inschrift auf Deutsch und auf Latein über dem Südportal des Kaufhauses.

Im oberen Festsaal wurde 1869–1877 ein Zyklus mit Wandgemälden zu Ereignissen aus der Konstanzer Geschichte angebracht. Zehn der einst 19 Darstellungen sind noch erhalten.

ROSGARTENMUSEUM

Es handelt sich um ein ehemaliges Zunfthaus. Im ersten Obergeschoß befindet sich eine wunderschöne Bohlenstube: der sogenannte Zunftsaal. Hier wird die Handschrift der Richentalchronik von 1464/65 verwahrt. Es handelt sich um eine edle große, perfekt erhaltene Papierhandschrift zu 300 Seiten, mit 98 kolorierten Federzeichnungen und 800 Wappen. Sie ist eine äußert wichtige Quelle für das Konzilsgeschehen, aber auch für das Leben zur Zeit des Konzils in Konstanz und viele Details zu

Vnd giengend da hin auf
zů dem altar in der session
da hett der babst meß vnd
sang man auch die epistel
aine in latein vnd aine in
kriechisch Vnd das ewan
gelium auch in latein vnd
in kriechisch. Vnnd sange
man zwai gloria i excelsis
Vnd nach dem vnd er die
hostē teÿlet do gieng er ab
dem alltare vnd saß nÿder

auff einen sessel vñ pracht
man jm die hostē auff ein
er pathen da hostē er ē teil
vnd gabe dem ewangelier
auch einen teÿl vnnd dem
epistler den dritten. Vnnd
nach dem segen do giengēt
all herren heÿm vnd berei
tetend sich zů reÿtent vnd
d babst gieng in die pfaletz
das was zwischen sybnen
vnd achten.

Konstanz, Rosgartenmuseum, Richentalchronik, Druck von Anton Sorg: Krönung von Papst Martin V.

logistischen Dingen, wie z. B. Anreise und Unterbringung der Päpste in Konstanz. Die Chronik wird in regelmäßigen Abständen umgeblättert. Sowohl durch ein Faksimile, das in diesem Saal ausliegt, als auch durch einen Touchscreen können sich Besucher vorzüglich über Richental informieren.

Der Chronist Ulrich Richental war Bewohner von Konstanz. Er ist auf einem Wandgemälde am Haus zum Hohen Hafen am Obermarkt in Konstanz gezegt, erkennbar an der roten Kappe. Der Fries über der Darstellung des Stadtschreibers zeigt die Belehnung Friedrichs von Zollern mit der Mark Brandenburg im Jahr 1417.

GEFÄNGNIS VON JAN HUS

Bevor man die Stadt verlässt, führt der Weg an den stark veränderten Gebäuden des Dominikanerklosters vorbei. An der Ostseite steht ein kleiner Turm. Ein Schild an ihm berichtet, dass hier das Gefängnis von Johann Hus war. Der spätere Papst Martin V. hatte noch als Kardinal 1410 die Ermittlungen gegen Jan Hus geleitet. Nach diesem Rundgang auf den Spuren der Päpste sollte man sich noch etwas Zeit nehmen für einen Rundgang durch die Altstadt und entlang der Stadtmauer. Tafeln erläutern auch einiges zu den wirtschaftlichen Herausforderungen, auf die Konstanz während der vier Jahre als Konzilsstadt eingehen musste.

AUSFLUG: Schloss Gottlieben in Tägerwilen

Das Schloss befindet sich heute in Privatbesitz. Vom Schiff aus ist eine Seite der Fassade gut zu erkennen. Ursprünglich war das Schloss eine mittelalterliche bischöfliche Trutzburg. Napoleon ließ diese Burg 1837 in ein neugotisches Wohnschloss umbauen. Während des Konzils war in Gottlieben eine Abordnung der englischen Nation untergebracht. Zudem bewohnten zwei berühmte Personen ein Geschoss des ungeheizten Westturms der Burg: Zunächst für kurze Zeit **Papst JOHANNES XXIII. (1410–1415)**, der dann in die Verbannung nach Heidelberg und Mannheim geschickt wurde, danach im Frühjahr 1415 Johannes Hus (1371–1415). Das Konstanzer Konzil, das für sich beanspruchte, über den rechten Glauben zu entscheiden, wollte Hus zum Widerruf seiner theologischen und kirchenkritischen Thesen bringen. Dazu war er im Winter 1414/15 in ein feuchtes Kellerloch des Dominikanerklosters gesteckt worden. Da Hus dort so schwer erkrankte, dass er den Winter nicht zu überleben drohte, wurde er nach Gottlieben gebracht. Nachts war er in seiner Behausung angekettet. Im Juli 1415 wurde er schließlich im Münster als Erzketzer verurteilt und von der weltlichen Justiz auf dem Scheiterhaufen vor der Stadt verbrannt.

LAMBRECHT

EHEMALIGE DOMINIKANERINNENKIRCHE

Der unweit von Neustadt an der Weinstraße gelegene kleine Ort Lambrecht liegt an einer uralten Verkehrsverbindung von Neustadt durch den Pfälzer Wald nach Metz. Niemand würde hier Darstellungen von **Papst ALEXANDER I. (107–116?)** erwarten.

Herzog Otto aus Worms hatte hier 977 ein dem hl. Lambert geweihtes Benediktinerkloster gegründet, das 1065 an Speyer tradiert und um 1240 aufgehoben wurde. Die Fundamente dieser ältesten Kirche wurden zufällig entdeckt. Es handelte sich wohl um eine dreischiffige geostete Kirche mit Querhaus und runder Apsis, die wenig später durch einen geraden Chor ersetzt wurde. Etwa um 1100 hat eine Erweiterung nach Osten stattgefunden.

Um das Jahr 1240 wurden die Gebäude Frauen übergeben, die ab 1247 nach der Regel der Dominikanerinnen lebten. Ihre materielle und geistliche Blüte erlebten die Klosterfrauen im 14. Jahrhundert.

Mit Einführung der Reformation wurden der Ort Lambrecht und das Kloster Eigentum der Universität Heidelberg. 1568 übergab Kurfürst Friedrich III. Lambrecht Wallonen aus den Niederlanden und aus Frankreich, die hier mit der Tuchherstellung begannen.

Im zweiten Viertel des 14. Jahrhunderts, zusammenfallend mit der Blüte des Frauenklosters, entstand ein gotischer Neubau der Kirche als einschiffiger Raum mit Chor und Nonnenempore. Nach dem Vorbild oberrheinischer Dominikanerinnenklosterkirchen, z. B. in Colmar und Basel, weist der Chor fünf Joche und einen 5/8-Schluss auf. Das Langhaus ist gewölbt. Sicherlich ebenfalls oberrheinisch beeinflusst sind die figürlichen Schlusssteine und die vorzüglichen Konsolen mit Blattmasken, Eichenlaub und Engelsköpfen.

Der eindrucksvolle Bau aus Sandsteinquadern, mit Strebepfeilern und Maßwerkfenstern weist im Chor an den Wänden unter den Fenstern ikonographisch bedeutsame Wandmalereien

des 14. Jahrhunderts auf. Die fünf Kompartimente, beginnend im Norden zeigen: einen segnenden Christus neben Maria in einer Flammenmandorla; zwei Reihen übereinander angeordneter spitzbogiger Arkaden, in die 20 Heilige gestellt sind, so als ob es sich um einen Schnitzaltar handele; an der Ostwand ist in vier Registern ausführlich die Quirinus-Legende gezeigt; diese Fresken werden nach 1380 datiert; auf der anschließenden Wand folgen wieder Heiligenfiguren in Nischen und darunter Szenen aus der Vita Maria Magdalenas; den Abschluss bildet ein Fresko mit zwei Stifterinnen zu Seiten der Muttergottes.

Während Magdalenenzyklen in Frauenklöstern des 14. Jahrhunderts beliebt waren, bleibt unklar, weshalb hier der Quirinuszyklus mit prominenten Darstellungen von Papst Alexander in den Scheitel

Lambrecht, ehemalige Dominikanerinnenkirche

Lambrecht, Chor, Zyklus zu Papst Alexander

des Chores gesetzt wurde. Gut zu identifizieren sind die folgenden Szenen mit Papst Alexander: Meßopfer von Papst Alexander; der Papst belehrt Quirinus und dessen Tochter Balbina; Balbina wird mit den Ketten geheilt, an die Alexander gefesselt war; der Papst tauft Quirinus. Alexander ist jeweils gut an seiner Tiara mit den drei Reifen und dem Kreuz zu erkennen. Diese Ikonographie erinnert an die Reliquienbüste Papst Alexanders in Aschaffenburg (-> Aschaffenburg). Vielleicht war schon früh eine Reliquie von Alexander nach Lambrecht gelangt, da Worms über solch eine Reliquie verfügte (-> Worms). Oder war für die Dominikanerinnen vor allem die Geschichte der Bekehrung der Märtyrerin Balbina von Bedeutung?

LIMBURG AN DER LAHN

DIÖZESANMUSEUM

Einmalige Bedeutung besitzen zwei Objekte des Domschatzes: Der Petrusstab, in den Teile des Stabes des hl. **PETRUS, der als erster Papst (+67)** gesehen wird, eingearbeitet wurden und das Reliquiar, das Erzbischof Egbert von Trier (977–993) für diese Stabreliquie anfertigen ließ. Es ist eine kostbare Goldschmiedearbeit mit Edelsteinen, Emails und Goldfiligran. Auf dem Reliquiar wurden zehn Papstportraits angebracht. Als 1821 das Bistum Limburg eingerichtet worden war, kam das Reliquiar mit dem Stab von Trier nach Limburg. Gleichfalls zog der Brauch, dem Bischof den Petrusstab zu besonderen Anlässen voranzutragen, mit nach Limburg um. Daher erhielt der Stab im 20. Jahrhundert Ergänzungen und eine neuzeitliche Fassung.

Bistümer, die besondere Vorrechte für sich beanspruchten, stellten oft die lückenlose Sukzession ihrer Bischöfe bis zu Petrus heraus. Gab es etwas, das Petrus persönlich dem ersten Bischof übergeben hatte, so war dies ein willkommenes Argument bei den Legitimationsstrategien.

Als die Bistümer Trier und Köln sich im 10. Jahrhundert um den Vorrang stritten, spielte der Besitz des Petrusstabes eine große Rolle. Erzbischof Egbert von Trier gelang 980 die Rückführung des halben Petrusstabes, den Erzbischof Bruno von Köln als Verweser der Metzer Diözese dort entwendet hatte. Die andere Hälfte des Stabes blieb in Köln (-> Köln). Das Reliquiar, das der Erzbischof in einer Trierer Goldschmiedewerkstatt 980 anfertigen ließ, macht durch die Inschriften und sein Bildprogramm die Trierer Ansprüche deutlich. Die Inschrift betont, dass der Stab von Petrus selbst an seinen Schüler Eucharius übergeben worden sei und dieser den Stab an den Bischofssitz in Trier weitergegeben habe. Die Folge der Portraits auf Emailplättchen beginnt am Knauf mit den Bildnissen von Petrus und denen der drei ersten Trierer Bischöfe (Valerius, Maternus, Eucharius) in Parallelität zu

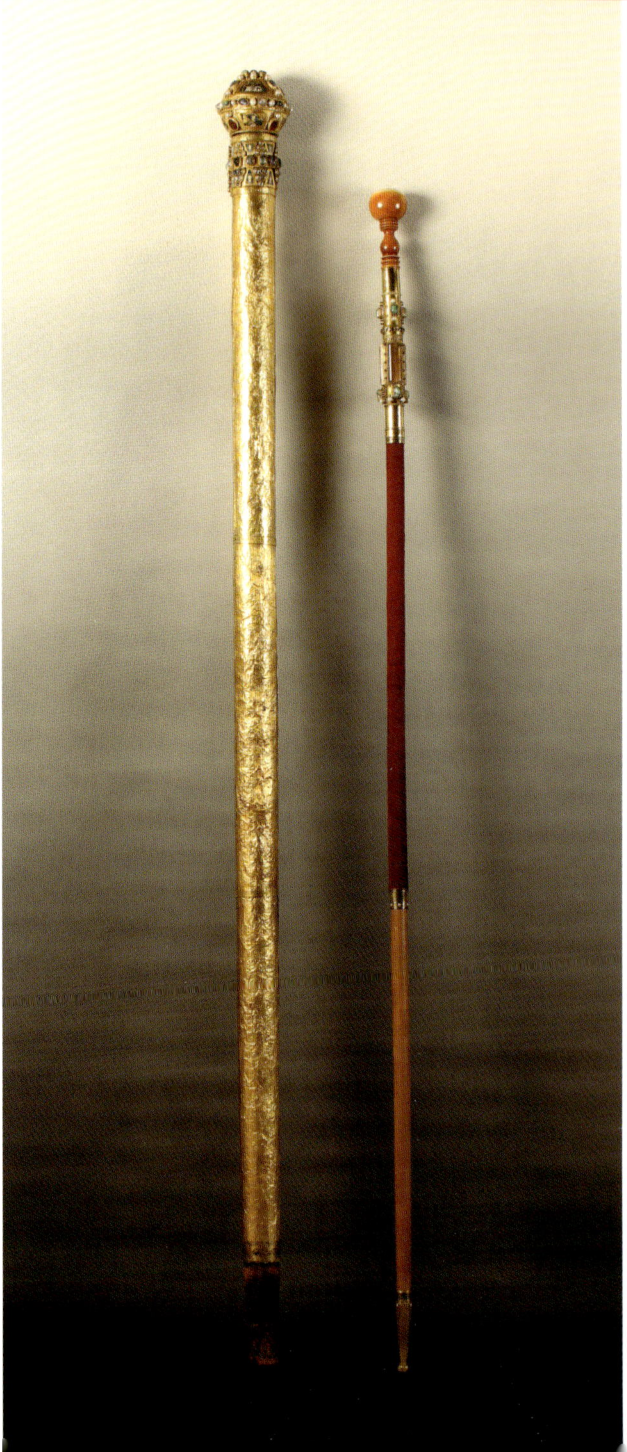

Limburg, Diözesanmuseum, Petrusstab und Hülle für den Stab

den Symbolen der vier Evangelisten. Auf dem Schaft der Hülle folgen zehn Päpste von **Papst CLEMENS I. (92–101)**, einem frühen Petrusnachfolger bis zu **Papst BENEDIKT VII. (974–983)** in heute leider verdrückter Goldschmiedetreibarbeit. Den Päpsten entsprechen zehn Trierer Bischöfe von Agritius (gest. um 330) bis zu Egbert in kleinen ovalen Medaillons. Päpste wie Bischöfe sind als Brustbilder in clipei mit Namensbeischriften gezeigt. Im Mittelalter galt der Petrusstab den Trierer Bischöfen als Legitimation für die Primatsstellung des Bistums (»primatus sedendi in synodis galliae et germaniae«).

Im Diözesanmuseum ist außerdem ein Reliquiar in der ungewöhnlichen Form einer Kirche sehenswert. Es stammt aus dem Hauptaltar des Limburger Doms und wird in das 11. Jahrhundert datiert. Unbedingt zu beachten ist auch die byzantinische Staurothek aus der zweiten Hälfte des 10. Jahrhunderts. Die in einem Doppelkreuz gefaßte Kreuzreliquie wird in einer kostbaren Lade verwahrt. Solche Reliquiare werden als Staurotheken bezeichnet. Als Ritter Heinrich von Ulmen auf Kreuzfahrt in Konstantinopel war, brachte er diese Staurothek mit und schenkte sie 1208 Kloster Stuben an der Mosel.

INFO Als Kaiser Karl IV. im Februar 1354 in Trier zu Besuch war, erlangte er verschiedene Reliquien, jedoch nicht den Petrusstab. Da er aber um die Bedeutung dieser Reliquie wußte, versteckte er in dem weiten Ärmel seines Mantels eine Säge, mit der er sich heimlich während seines Trier-Aufenthalts ein Stück Petrusstab abgeschnitten haben soll. Eine prominente Delegation überführte die Reliquien im März 1354 nach Prag. Hier wurde für die Petrusstabreliquie eine goldene Hülle angefertigt, in die gotische Fenster eingeschnitten wurden. Diese Hülle mit dem Stab-Stück wurde in den Adalbertsstab integriert. Sicherlich wollte Kaiser Karl IV. auf diese Weise den hl. Adalbert in die apostolische Sukzession einreihen und auch dem Bistum Prag ein apostolisches Alter angedeihen lassen.

Limburg, Dom auf dem Lahnfelsen

WEITERE SEHENSWÜRDIGKEITEN:

Die Lage des Domes hoch über einem Lahnfelsen und die sehenswerte Altstadt deuten darauf, dass Limburg bereits früh eine bedeutende Siedlung war. Es lag an der wichtigen Straße von Köln nach Frankfurt. Ab dem 9. Jahrhundert saßen hier die Konradiner. 910 gründete Graf Kurzbold das Chorherrenstift St. Georg, um das sich die älteste Siedlung entwickelte. Aus der Handwerkersiedlung des 11. Jahrhunderts wurde ab Anfang des 13. Jahrhunderts ein blühendes Städtchen, das durch die Verarbeitung von Wolle und Leder reich wurde. Nach dem Stadtbrand von 1289 setzte ein Wiederaufbau und eine Erweiterung ein. Weite Bereiche der malerischen heutigen Altstadt reichen in diese Zeit zurück, darunter

die Hallenhäuser mit hohem Erdgeschoß in Ständerkonstruktion. Große Teile der Altstadt sind saniert, so dass sowohl die Farbigkeit und Schnitzereien des Fachwerks, als auch die verschiedenen Erkerformen ein sehr sehenswertes Ensemble bilden.

Limburg, Altstadt

Der Dom St. Georg, der über dem felsigen Steilufer der Lahn anstelle der Stiftskirche errichtet wurde, ist ein bedeutender spätstaufischer Kirchenbau. Der heutige Bau wurde 1180/90 begonnen; um etwa 1225 konnte er eingewölbt werden. 1232 wurden Vierung und Querhaus fertiggestellt, und 1235 erfolgte die Gesamtweihe der Kirche durch den Trierer Erzbischof Theoderich II. von Wied. Die Kirche weist sowohl Elemente der rheinischen Spätromanik auf, z. B. bei den Türmen, als auch der französischen Frühgotik, z. B. bei den Strebebögen und dem Chorumgang. Er ist also ein Monument eines Übergangsstils, in das spolienartig Reste des Vorgängerbaus eingesetzt wurden, z. B. ein monolithisches Doppelfenster in die südwestliche Langhauswand, ein Säulchen ins südliche Langhaustriforium oder Deckplatten der steinernen Sitzbänke in den nördlichen Chorumgang.

Durch das Hauptportal mit kleeblattförmigem Tympanon gelangt man ins Innere. Zwei Sitzfguren rahmen das Portal: rechts mit Mantel und Schwert der hl. Georg, links ein Mann mit Wanderstab, der als Bauherr oder hl. Nikolaus gedeutet wird.

Im Inneren begegnet eine dreischiffige, gewölbte Emporenbasilika in gebundenem System über kreuzförmigem Grundriß. Bemerkenswert ist die Raumfassung des 13. Jahrhunderts mit teils figürlicher Malerei. Trotz der Übermalungen des 19. Jahrhunderts gehört sie zu den am vollständigsten erhaltenen Fassungen dieser Epoche. Der urspüngliche Hochaltar ist durch einen neuzeitlichen Ziborienaltar ersetzt. Kommt heute der Petrusstab zum Einsatz, so ist dies seine Umgebung.

Durch das Tischgrab des Grafen Konrad Kurzbold (+948) aus der zweiten Hälfte des 13. Jahrhunderts wird im Dom die Erinnerung an den Gründer der ersten Kirche wachgehalten. Bis 1777 befand es sich in der Vierung vor dem Kreuzaltar. Heute steht es im nördlichen Querhaus. Konrad ist bezugnehmend auf seine gräflichen Befugnisse mit einem pelzgefütterten Mantel mit Tassel und dem Richterstab gezeigt. Während Konrad in Sandstein gearbeitet ist, sind die weiteren Figuren – vier Kleriker und ein Löwe und ein Bär als Symbole von Tapferkeit und Stärke – aus marmorartigem Kalkstein gefertigt.

LORSCH

EHEMALIGES REICHSKLOSTER

Trotz seiner Lage nahe der von Süd nach Nord verlaufenden Hauptverkehrsader, trotz seiner Nähe zu Worms und trotz seiner hohen Bedeutung von seiner Gründung an bis in die romanische Zeit hinein ist für Kloster Lorsch nur ein einziger Papstbesuch den Quellen zu entnehmen. Es war **Papst LEO IX. (1049–1054)**, der Lorsch aufsuchte, um 1052 in der Gruft der Karolinger, der ecclesia varia, einen Altar zu weihen.

Nähert man sich heute der Anlage, so steht nur die weltberühmte Torhalle, ein kleiner Teil des Langhauses der romanischen Kirche sowie ein Teil der späteren Wirtschaftsgebäude noch aufrecht.

Die große kulturhistorische Bedeutung der Klosteranlage vermittelt die Dokumentation im Museumszentrum. Lorsch wurde von dem fränkischen Gaugraf Cancor und seiner Gemahlin auf einem römischen Gutshof gegründet. Die erste 764 erwähnte Niederlassung war Petrus und Paulus geweiht. Doch bald wurde diese erste Anlage bereits Bischof Chrodegang von Metz übergeben. Dieser war von **Papst STEPHAN II. (752–757)** zum Erzbischof erhoben worden und war der einzige Erzbischof im Frankenreich und damit eine Art Nachfolger des hl. Bonifatius (-> Fulda). Er hatte vom Papst aus Rom Reliquien erbeten, die in Gorze zwischengelagert wurden. Die Gebeine des hl. Nazarius ließ Chrodegang nach Lorsch überführen. Außerdem entsandte er Gorzer Mönche nach Lorsch. Dann ging das Kloster an Chrodegangs Bruder Gundeland, der es wiederum an Karl den Großen schenkte. Nun wurde Lorsch neugebaut und konnte 774 bereits durch Bischof Lul von Mainz im Beisein Karls geweiht werden. Karl machte aus Lorsch ein Königskloster. Das bedeutete Immunität, freie Abtswahl und Schutz durch den Herrscher. Um 800 war Lorsch auf der Höhe der Zeit. Das Kloster war so bedeutend, dass die ostfränkischen Karolinger, also

Ludwig der Deutsche und seine Familie, Lorsch als Ort ihrer Grablege wählten. Bis zur Mitte des 12. Jahrhunderts erreichte die Kirche ihre größte Ausdehnung. 1229 unterstellte **Papst GREGOR IX. (1227–1241)** die Abtei dem Erzstift Mainz. Bis 1232 waren in Lorsch Benediktiner. Dann kamen für kurze Zeit Zisterzienser nach Lorsch und ab 1248 Prämonstratenser. Danach begann allmählich sein Niedergang. In der Reformation wurde das Kloster aufgelöst. Nach Auflösung des Klosters wurde die Torhalle im späten 17. Jahrhundert kurzzeitig in die Jagdresidenz von Fürstbischof Lothar Franz von Schönborn einbezogen: Es kam zu Veränderungen (Einzug der Stuckdecke im Innern) und der Dachreiter wurde aufgesetzt. In den folgenden Jahrhunderten war die 1621 von spanischen Truppen stark beschädigte und seitdem brachliegende Anlage ein willkommener Fundus für den Bedarf an Baumaterial der umliegenden Orte. Für die Erforschung Lorschs

waren die Ausgrabungen Friedrich Behns zwischen 1927 und 1937 und dessen Bauforschungen wegweisend. Nun konnte der Grundriss der Kirche ermittelt werden. Zugleich erfolgten unter ihm 1935 umfängliche Rückbaumaßnahmen.

Seine größte Bedeutung hatte das Reichskloster in karolingischer Zeit als Vermittler zwischen Antike und Mittelalter, aber auch als Träger der karolingischen Reform. Dafür sprechen vor allem die noch etwa 300 erhaltenen Handschriften der einstigen Lorscher Bibliothek. Sie spiegeln eine Verdichtung des Wissens der damaligen Zeit und eine hervorragende Vernetzung der Abtei mit der damaligen geistigen Elite. Die bedeutende Bibliothek blieb lange im Bewusstsein: Als Kloster Lorsch aufgelöst wurde, besorgte sich Kurfürst Ottheinrich um 1556/57 sofort den noch in Lorsch vorhandenen Buchbestand und verleibte sie dem Palatina-Bestand ein (-> Heidelberg).

Die Torhalle war ursprünglich ein Teil des Atriums. Heute ist sie das einzige erhaltene Bauwerk aus der Karolingerzeit. Äußerst bemerkenswert ist ihr Bauschmuck. Aufgrund der drei rundbogigen Öffnungen im Erdgeschoß sind entfernte Anklänge an einen antiken Triumphbogen festzuhalten. Durch Halbsäulen mit attischer Basis und Kompositkapitellen ist eine architektonische Gliederung gegeben. Wie jüngste Bauforschungen zeigen konnten, kamen die Kapitelle aus Lothringen – in der Rheinebene gibt es keinen Kalk – und wurden nach antiken Modellen gearbeitet und erst vor Ort in Lorsch zersägt und versetzt. Das Obergeschoß der Torhalle ist durch einen Palmettenfries vom Untergeschoß getrennt. Flache kannelierte Pilaster mit ionischen Kapitellen tragen giebelartige Simse. Bestimmendes Motiv der Fassade ist der Farbwechsel der wie ein Mosaik wirkenden Mauerflächen, bei denen rötliche Sechsecke und Quadrate lokalen Buntsandsteins mit weißem Kalkstein wechseln – auch das eine entfernte Erinnerung an antike Wandverkleidungen.

In den Raum über dem Durchgang der Torhalle gelangt man im Rahmen einer Führung. Er ist im Inneren mit Wandmalereien versehen. Auf der ältesten Putzschicht wurde eine Inschrift in Kapitalis angebracht, die paläographisch in die Zeit um oder bald

Lorsch, Torhalle

nach 820 gesetzt wird, ihrem Inhalt nach bislang jedoch nicht entschlüsselt werden konnte. Die nächste Putzschicht zeigt eine architektonische Ausmalung, bei der über einem mit Schachbrettmuster bemalten Sockel Säulen mit ionischen Kapitellen dargestellt sind. An der Ostwand befindet sich ein Rest figürlicher Malerei, wohl eine Darstellung des Erzengels Michael, der einer dritten Ausmalungsphase zugehörig ist. Als um 1380/90 die Dachsituation verändert wurde und der Raum als Kapelle genutzt wurde, hat man den Raum neu verputzt und Szenen aus dem Leben Mariens angebracht. Über die ursprüngliche Funktion dieses Raums wurde viel spekuliert: Vielleicht war er Ort der Rechtsprechung, vielleicht lag hier die Lorscher Bibliothek, vielleicht wurden hier Reliquien verwahrt, oder aber dem Ort kam eine Funktion bei Herrscheraufenthalten zu. Auch eine Verbindung mehrerer dieser Nutzungen wäre denkbar.

Schreitet man das leicht ansteigende Gelände hinauf, so bewegt man sich im Bereich des ehemaligen Atriums. Dann stößt man auf die drei Joche der ehemaligen Klosterkirche, allerdings jedoch nicht auf den karolingischen Bau, sondern Reste der 1070–1150 errichteten Kirche. Damals hat hier eine Basilika mit Querhaus und nach Hirsauer Vorbild zwei Westtürmen gestanden. Dieser Bauteil wurde zeitweilig als Lapidarium genutzt.

Heute sind Bestände des Lapidariums in der Zehntscheune untergebracht mit einem spannenden museumspädagogischen Konzept (nur im Rahmen einer Führung zugänglich). Der Führer lenkt einen Lichtspot jeweils auf das Stück, das erläutert wird. Dazu gehören z. B. der sogenannte Sarkophag Ludwigs des Deutschen, Kapitelle und Säulchen des 9. Jahrhunderts, ein Stück Fußbodenmosaik oder ein Buntsandsteinsechseck, das als Spolie in die Scheunenwand eingesetzt wurde. Torhalle wie Gruftkapelle hatten diesen auffälligen Mauerschmuck und lassen erkennen, weshalb die ecclesia, die Leo weihte, das Epitheton varia erhielt. Nicht der erläuternde Text, sondern der Blick auf das beleuchtete Objekt und das Zwiegespräch mit dem Führer sollen den Mehrwert an Erkenntnis für den Besucher ergeben. Die Gruftkapelle hatte wie die Torhalle einen auffälligen Mauerschmuck.

Auf dem Weg durch das Klostergelände erfrischt nicht nur der Baumbestand, der von einem englischen Landschaftsgarten inspiriert ist, sondern ebenso der frische grüne Rasen. Er überzieht den durch Geländestufen sichtbar gemachten Grundriss von Kirche, Kreuzgang und Kloster. Ganz im Osten, dort wo das Gelände zur Klostermauer hin abfällt, ist die Krypta zu sehen, in der Papst Leo einen Altar weihte.

TIPP Lorsch ist seit 1991 UNESCO-Welterbestätte.

Seit August 2012 befindet sich das Freilichtlabor Lauresham im Aufbau. Einen Besuch dieser frühmittelalterlich inspirierten Anlage sollte man keinesfalls versäumen. Historische Tierrassen werden auf Arealen gehalten, die nach mittelalterlichen Bewirtschaftungsmethoden gepflegt werden, z. B. der Weingarten oder die Wölbäcker. Der Herrenhof mit Kirche und Wirtschaftsgebäuden wurde in Handarbeit nach frühmittelalterlichen Handwerkstechniken errichtet. Von dort lohnt noch der Weg wenige 100 m weiter an die Weschnitz, um sich vor Augen zu führen, welche Leistung der Transport der monolithischen Granitsäulen aus dem Felsenmeer im Odenwald bis nach Trier auf dem Wasserweg in römischer Zeit war (-> Trier).

Ein Ausflug in den Geopark Odenwald und das Felsenmeer mit riesigen Granitblöcken in Wollsackverwitterung ist landschaftlich, geologisch und historisch bezüglich römischer Steinbruchtechniken von hohem Interesse.

INFO Für Gästeführer für Torhalle und Zehntscheune wendet man sich an:

UNESCO-Welterbe Kloster Lorsch
Nibelungenstraße 32
64653 Lorsch
Tel. 06251–51446
Info@kloster-lorsch.de

MAINZ

Eine Synode im Oktober 1049 war die Gelegenheit, um in Mainz hochrangigen Besuch zu beherbergen. Auf der Rückreise von Reims kam **Papst LEO IX. (1049–1054)** gemeinsam mit Heinrich III. und zwei Kardinälen sowie weiterem Gefolge nach Mainz und hielt dort am 19. Oktober 1049 eine Synode im Dom ab. Verhandelt wurden Streitigkeiten um das Bistum Besançon und zwischen Bistum Würzburg und Kloster Fulda. Zugleich weihte der Papst damals einen Marienaltar. 1052 hielten Papst Leo IX. und Heinrich III. erneut eine Synode in Mainz ab. Auf dem Reichstag zu Mainz wird 1054/55 Bischof Gebhard von Eichstätt zum Papst erwählt, er lehnt zunächst aber ab. 1980 besuchte **Papst JOHANNES PAUL II. (1978–2005)** Mainz.

Dass Mainz zum Ort bedeutender Zusammenkünfte wurde, hing sicher zum einen mit der geographischen Lage an der Hauptverkehrsader entlang des Rheins und zugleich an dem Zusammenfluss von Rhein und Main zusammen. Zum anderen spielte die weit zurückreichende Bedeutung des Mainzer Bischofssitzes eine Rolle.

16 v. Chr. wurde hier ein Römerlager errichtet, um das herum rasch eine Zivilsiedlung entstand. Im Namen Mainz-Kastel klingt noch an, dass es in Mainz ein Römerkastell gab. Dies wurde auf der anderen Rheinseite errichtet und durch eine Brücke mit dem linksrheinischen Hafen verbunden. Ende des 1. Jahrhunderts wurde Mainz Hauptstadt der Provinz Germania Superior. Spätestens für das 4. Jahrhundert können in Mainz Christen belegt werden; 346 datiert die erste Nennung eines Bischofs. Das 4. Jahrhundert war für die Siedlung durch die Alemanneneinfälle aber auch eine unruhige Zeit. Als 406 Vandalen, Sueben und Burgunder gegen Mainz anstürmten, erlitt der Priester Albanus das Martyrium. Erst nach 560 werden ab Sidonius Bischöfe kontinuierlich greifbar. Einer der bedeutendsten frühen Bischöfe war Bonifatius (747–754), der nach seiner Fuldaer Zeit in Mainz als Erzbischof wirkte (-> Fulda). Ähnlich wie in Trier (-> Trier) oder Mailand die antiken Statthaltersitze mit

Mainz, Dom, Ostchor

Mainz, Dom, Nordansicht

ihren Provinzen die Grundlage der Kirchenorganisation des frühen Mittelalters wurden, war es auch in Mainz: Die Kirchenprovinz stimmt zu großen Teilen mit der antiken Germania Superior überein. Als Lul Erzbischof von Mainz (781–786) wurde, hatte er eine gewaltige Kirchenprovinz unter sich.

Einer der bedeutendsten Erzbischöfe von Mainz war Willigis (975–1011). Willigis kam aus der Hofkapelle Kaiser Ottos II., der ihn zum Mainzer Erzbischof bestimmte. Als Willigis von **Papst BENEDIKT VII. (974–983)** im März 975 die Primatialrechte sowie das Recht bestätigt bekam, den römischen König zu krönen, kam Mainz eine Vorrangstellung vor den anderen Erzbistümern zu. Willigis stand damit Papst und Kaiser sehr nah. In dieser Zeit kam das in Mainz redigierte, römisch-deutsche Pontifikale nach Rom und wurde von dort aus verbreitet. 996 geleitete Willigis den zum Papst bestimmten Gregor V. nach Rom. Ab Willigis, vom Hochmittelalter bis in die frühe Neuzeit galt der Erzbischof von Mainz als höchster Würdenträger in Reich und Kirche.

DOM ST. MARTIN UND ST. STEPHAN

Die Stellung des Mainzer Metropoliten spiegelt sich in gewisser Weise in den Neubauten der Bischofskirche. Als Mainz dauerhaft Erzbistum geworden war, liess Erzbischof Hatto (891–913) einen neuen Dom errichten. Dieser sogenannte alte Dom wird mit der westlich des Domes liegenden Johanneskirche gleichgesetzt (-> Johanneskirche).

Die Kirche, die Papst Leo IX. aber auch sah, war der sogenannte Willigis-Bardo-Dom am Ort des heutigen Doms. Erzbischof Willigis (975–1011) hatte mit ihm begonnen und ließ eine dreischiffige Basilika mit stark ausladendem Westquerhaus errichten. Im Osten waren ein Atrium und eine Maria geweihte Kirche vorgelagert. Vorbildfunktion hatte dabei Alt-St. Peter in Rom. Nicht alle Elemente dieses Baus sind allerdings gesichert. Entsprechend dem Patrozinium gab es wohl im Westen einen Martins- und im Osten einen Stephanschor. Im Außenbau

scheinen diese nicht apsidial, sondern gerade geschlossen gewesen zu sein. Die Ostapsis dürfte auf Bardo zurückzugehen. Es wird davon ausgegangen, dass die Größe des Willigisdoms mit der des heutigen weitgehend übereinstimmt. Allerdings brannte der Willigisdom am Tag seiner Einweihung, am 29. August 1009 ab. Es ist zu vermuten, dass das Feuer durch den festlichen Kerzenschmuck entstanden war. Die Wiederherstellung erfolgte unter Erzbischof Bardo, jedoch mit leichten Veränderungen. 1036 wurde die wiederhergestellte Kirche eingeweiht. Von diesem Willigis-Bardo-Dom wurden in den spätromanischen Neubau lediglich die runden Treppentürme am Ostchor sowie etwas Mauerwerk in diesem Bereich und die Nordwand des westlichen Querhauses übernommen. Sie ist zugleich die Südwand der Godehardkapelle.

Brand- oder Naturkatastrophen machten im Mittelalter häufig Neubauten notwendig. In Mainz war es auch so: Den durch Sturm und einen Brand 1081 stark in Mitleidenschaft gezogenen Dom ließ Heinrich IV. beginnend mit dem Ostchor gegen 1100 neu errichten. Dieser sogenannte Adalbert-Bau ist bis heute in Ostchor und dem in gebundenem System errichteten Langhaus gut erhalten. Auch die Godehardkapelle wurde im Zuge des Neubaus als bischöfliche Palastkapelle 1130–1137 erbaut.

Nach der Erneuerung und der Errichtung der Godehardkapelle gab es eine Bauunterbrechung. Erst Erzbischof Konrad (1183–1200) ließ das Langhaus einwölben. Nach einer erneuten Pause kam es im frühen 13. Jahrhundert zum Neubau des Westquerhauses mit quadratischer Vierung und dem quadratischen Westchor mit den nach drei Seiten reichenden Konchen, der der Stiftschor wurde. Er steigt als ein Geschoß nach oben und gehört zu den großen architektonischen Leistungen des 13. Jahrhunderts. Nach Georg Dehio ist er »würdig der Bedeutung dieses Doms als Sitz des Primus der deutschen Fürsten«. In Erinnerung an Willigis hielt man an dem doppelchörigen Grundriss fest, selbst wenn dieser damals längst nicht mehr üblich war. Außerdem wurden noch der oktagonale Vierungsturm und seitliche runde Treppentürme angefügt. 1239 konnte Erzbischof

Siegfried von Eppstein die Schlussweihe des Kirchenbaus vollziehen.

Ab dem späten 13. Jahrhundert wurde der romanische Dom durch den Anbau einiger Seitenkapellen erweitert. Ein zweiter Brand zerstörte 1285 vor allem die im Osten vorgelagerte Marienkirche. Sie wurde daraufhin als Hallenkirche neu errichtet, nach den Zerstörungen 1793 während der französischen Besatzung allerdings nicht wieder repariert.

Im späten Mittelalter wurden beide Vierungstürme mit hohen Glockengeschossen versehen: 1361 der östliche Vierungsturm und 1482 der westliche. Allerdings kann man den westlichen Vierungsturm in seiner heutigen Gestalt kaum einordnen: Nachdem er 1767 durch Blitz beschädigt worden war, bekam der Barockbaumeister Franz Ignaz Michael Neumann den Auftrag, ihn wieder instand zu setzen. Das Ergebnis war der heutige Turm, der eine Stilmischung von mittelalterlichen und barocken Formen zeigt.

Die dicht an den Dom gebauten Wohnhäuser und Läden sowie im Süden die Stiftsbauten entsprechen der mittelalterlichen Situation. Ostseitig im Bereich des ehemaligen Atriums erkennt man nun die ältesten Teile der Bischofskirche: in den unteren Bereichen der Treppentürme und im Mauerwerk um die Portale beidseits der Apsis, die in die Willigis-Bardo-Zeit gesetzt werden. In den oberen Zonen wird deutlich, dass der Ostchor des Speyerer Doms das Vorbild für den Ostchor des Mainzer Doms war (-> Speyer).

An Willigis und sein Mäzenatentum für Mainzer Kirchen erinnern die Bronzetüren am Marktportal, die für die Marienkirche bestimmt waren und 1804 hierher versetzt wurden. Die Inschrift nennt Berenger als Künstler und Willigis als Auftraggeber. Seit der Karolingerzeit (-> Aachen) ist dies der erste monumentale Metallguss. Die Türzieher wurden allerdings erst im frühen 13. Jahrhundert hinzugefügt. Betritt man durch diese Tür den Innenraum und lässt die Blicke nach Osten schweifen, so ist auch bei der figürlichen und ornamentalen Skulptur, die teilweise in Bosse stehen blieb, die Verwandtschaft zu Speyer

zu bemerken. An beiden Orten dürften die gleichen lombardischen Bauleute mitgearbeitet haben. Das bedeutendste Ausstattungsstück im Westchorbereich war der große Lettner des sogenannten Naumburger Meisters, die heute im Dom- und Diözesanmuseum verwahrt werden. Durch das Westquerhaus gelangt man in die Godehardkapelle, in deren südseitiger Mauer ein Stück Willigisdom steckt. Sie ist als Doppelkapelle mit eingezogenem Chor und Apsis angelegt, sie wirkt im Außenbau blockartig. Entsprechend ihrer Funktion als erzbischöfliche Kapelle hatte sie einst einen Verbindungsgang zum nordwestlich gelegenen Bischofspalast. Der Innenraum stellt mit seinen neun Jochen und den Säulen mit Würfelkapitellen im ersten Obergeschoß eine eindrucksvolle Architektur des 12. Jahrhunderts dar. Der romanische Kruzifix aus der Zeit um 1150 fügt sich gut ein, wenngleich er ursprünglich aus St. Emmeram in Mainz stammt.

Zurück im Langhaus sind drei Grabsteine von besonderem Interesse: Vom Ostchor aus gesehen, ist am zweiten südseitigen Langhauspfeiler die Grabplatte des Erzbischofs Siegfried III. von Eppstein (+1249) angebracht. Sie verdeutlicht den Mainzer Anspruch des Krönungsvorrechts. Denn sie zeigt den Erzbischof, wie er die Gegenkönige Heinrich Raspe und Wilhelm von Holland krönt. Nordseitig, die Pfeiler von der Westvierung aus abschreitend, trifft man am siebten Pfeiler auf die Tumba von 1357 des hl. Bonifatius, die nach 1823 aus der Johanneskirche hierher überführt wurde. Der Epitaph am zehnten Pfeiler nimmt nochmals auf das Krönungsvorrecht Bezug: Er zeigt den 1320 verstorbenen Peter von Aspelt mit Heinrich von Luxemburg, Johann von Böhmen und Ludwig dem Bayern, also den von ihm gekrönten Königen. Diese Platte ist an der Grabplatte des Siegfried von Eppstein orientiert.

Das Südportal führt in den Kreuzgang. Der heutige Domkreuzgang wurde anstelle des romanischen Vorgängers um 1400 als zweistöckige Anlage errichtet. In seinem Südflügel ist das Dom- und Diözesanmuseum untergebracht.

DOM- UND DIÖZESANMUSEUM

Kamen hochrangige Personen zu Besuch, so gab es aufwendige Empfangszeremonielle (-> Paderborn, Bamberg). Es ist anzunehmen, dass bei solchen Anlässen Vortragekreuze, Weihwassergefäße und Gesangbücher benötigt wurden, je nach Tageszeit auch Kerzen. Da der Mainzer Domschatz 1792 vor den Franzosen in Prag in Sicherheit gebracht und dann in Regensburg verkauft wurde, sind mit Ausnahme eines Weihwassereimers, eines Rauchfasses und eines Leuchterfusses keine ursprünglichen Bestände des einst so reichen Schatzes mehr erhalten. Einem glücklichen Umstand ist zu verdanken, dass im frühen 19. Jahrhundert Domdekan Franz Werner begann, aus Mainzer Kirchen und aus dem Dombereich Objekte zusammenzutragen. So hat das heutige Dom- und Diözesanmuseum dennoch eine bedeutende Sammlung kirchlicher Kunst. Auf über 3000 m², verteilt auf drei Stockwerken und den Kreuzgang ist das Mainzer Dom- und Diözesanmuseum sogar eines der bedeutendsten in Deutschland.

Steigt man in den erst seit wenigen Jahren eröffneten Skulpturenkeller, er war ehedem ein Weinkeller, so stößt man hier im Vorraum auf ein Tonnengewölbe, das neuerdings in das 11. Jahrhundert gesetzt wird. Zeitlich passend sind in diesen Kellern Bauskulpturen des Frühmittelalters bzw. 13. Jahrhunderts aufgestellt. Im Vorraum stehen Modelle des Mainzer Doms, die sehr anschaulich die vier verschiedenen und entscheidenden Baustadien des Doms vorführen. In diesem Bereich ist auch das sogenannte Hatto-Fenster ausgestellt (Inv.-Nr. PS 00114), das um 900 datiert und 1861 bei St. Mauritius gefunden worden ist. Es wird mit Erzbischof Hatto (891–913) verbunden, der als Erbauer des ersten neuen karolingischen Doms gilt, die jetzige Johanneskirche. Das rundbogige Fenster ist mit Reliefschmuck – zwei Vortragekreuze, die Rechte Gottes, Ranken und Büsten der beiden Erzengel – versehen. Bemerkenswert ist die Inschrift, die nicht in vertieften, sondern in reliefierten Buchstaben eingemeißelt ist. Übersetzt lautet sie: »Licht und Salz! Hatto, Bischof und Priester

Mainz, Dom- und Diözesanmuseum, Bonifatiusdenkmal

Gottes, hat diesen Tempel errichtet und ihn mit Gemälden und Gold geschmückt«. Selbst wenn das Fenster an St. Mauritius gefunden wurde, könnte es ursprünglich auch vom alten Dom stammen. An Bonifatius (+754), der päpstlicher Legat wurde (-> Fulda), bevor er auf den Mainzer Erzbischofsstuhl kam, erinnerte ein Denkmal (Inv.-Nr. PS 00114). Dies hatte Erzbischof Hrabanus Maurus (847–856) über dem Reliquiengrab des Bonifatius in der karolingischen Marienkirche in Mainz errichten lassen. Der Leichnam des Bonifatius war nach seinem Märtyrertod bei den Friesen auf dem Weg nach Fulda in Mainz zwischengelagert worden: Das Wasser, was man bei der Waschung seiner Leiche verwendet hatte, wurde in einem Gefäß aufgefangen und im Boden der Marienkirche verwahrt. Der Sockel des darüber errichteten Denkmals zeigt Bonifatius in bischöflicher Kleidung unter einer Arkade. Er trägt Märtyrerkreuz und ein Buch, in das der Bibelvers ‚Kommt Gesegnete' (Matth. 25,34) eingehauen ist. In die Rückseite ist ein Vortragekreuz mit der Inschrift ‚Heiliges Kreuz Errette uns' eingearbeitet, was ganz an die Kreuzgedichte des Hrabanus Maurus erinnert.

Einen Eindruck karolingischer Baudekoration gibt die Chorschrankenplatte um 900, die im Dom im nördlichen Seitenschiff gefunden und vielleicht hier von Willigis wiederverwendet wurde (Inv.-Nr. PS 00116). Ihr Dekor mit der Ranke erinnert an das Hattofenster. In der Karolingerzeit bereits wurde der Kleriker-Raum vom Laienraum durch Schranken abgetrennt.

Zu den ganz bedeutenden Werken der gotischen Skulptur gehören die Fragmente des dem sogenannten Naumburger Meister zugeschriebenen Lettners, der bis ins 17. Jahrhundert den Westchor, der dem Domklerus vorbehalten war, vom Laienraum abtrennte. Damals wurde er abgebrochen und das Steinmaterial zur Fundamentierung wiederverwendet. Erst im frühen 20. Jahrhundert sind die Fragmente bei Bauarbeiten beiläufig wiederentdeckt worden. In Entsprechung zur Dreischiffigkeit des Doms hatte die Chorschranke drei Durchgänge. Über dem Mittelportal war eine Deesis – Christus zwischen den fürbittenden Maria und Johannes der Täufer - mit zuseiten den Seligen und Verdammten

als Teil eines Weltgerichts dargestellt (Inv.-Nr. PS 00090, 00091). Geradezu als genial sind bildhauerische Qualität und Ausdruckskraft der Dargestellten zu bezeichnen. Christus reißt sich sein Gewand auf und entblößt seine Seitenwunde: dies ist ein Novum in der christlichen Ikonographie. Die Gruppe der Seligen beeindruckt durch ihr seliges Lachen, die der Verdammten durch ihr hämisches, also ein anderes Lachen. Angeführt wird die Gruppe der Seligen von einem Papst mit einer Tiara in der damals üblichen Form der konisch zulaufenden Kopfbedeckung. Entsprechend der Ständeordnung folgen Bischof und Kaiser, Nonnen und Mönche. Die berühmteste Figur des Lettners ist der Kopf mit der Binde (Inv.-Nr. PS 00096), eine Gewölbefigur des Lettnerdurchgangs, deren Deutung umstritten ist. Die Lettnerempore war an bestimmten Tagen ebenso Ort der Liturgie.

Mit einem kleinen zeitlichen Sprung ist noch ein Blick auf den Bonifatius um 1320/30 zu werfen, der zwei kniende Paare krönt (Inv.-Nr. PS 00125). Dieser erste Mainzer Erzbischof mit engem Kontakt zu den Päpsten (-> Fulda) wurde in Mainz rasch als Heiliger verehrt. Dafür spricht das Reliquiengrab auf seiner Brust. Dies deckte, die Figur hatte sicher eine Fassung, eine kostbare Schließe eines Chormantels ab, die mit der Fassung verloren ging. Mit der Darstellung der Krönung wird auf das Mainzer Vorrecht der Königskrönung angespielt, was das Erzbistum Köln den Mainzern damals streitig machen wollte, was aber Papst Benedikt VII. den Mainzern dauerhaft verliehen hatte.

Geht man vom Keller in den ersten Stock des Museums, so ist hier der Blick auf einen Kruzifix des ersten Viertels des 11. Jahrhunderts aus dem Wormser Dom (Inv.-Nr. PH 06060) zu lenken (-> Worms). Ihn könnte **Papst LEO IX. (1049–1054)** in Worms wahrgenommen haben.

Im Erdgeschoß ist in der Schatzkammer die Willigiskasel (Inv.-Nr. T 00005) aufzusuchen. Bis 1962 wurde die Kasel in der von Willigis auf der höchsten Hügelkuppe der Stadt gegründeten Stiftskirche St. Stephan in Mainz verwahrt. Sie zeigt eine erstaunlich gute Erhaltung, wenn man bedenkt, dass sie bis 1945 am Tag des in Mainz als Heiligem verehrten Willigis getragen wurde.

Sie zeigt die bis ins 13. Jahrhundert hinein übliche Glockenform der Kasel. Der Priester erschien in Gold gekleidet, da die glänzende Seide eine goldgelbe Färbung zeigt. Bei genauem Hinsehen erkennt man ein Muster aus stilisierten Palmetten in Medaillons. Solche sogenannten geritzten Seiden wurden in der zweiten Hälfte des 10. Jahrhunderts in Byzanz gefertigt. Oft stehen die Träger solcher Seiden mit dem ottonischen Herrscherhaus in enger Verbindung: Willigis war Kanzler Ottos II. und Berater von Theophanu, aber auch kurzzeitig Erzieher des späteren **Papstes GREGOR V. (996–999)** (-> Worms).

Die Residenz des Bischofs, die vermutlich im Zuge der Synoden aufgesucht wurde, lag zunächst am Dom, im späten 15. Jahrhundert wurde sie an den nordwestlichen Rand der Stadt verlegt: 1478–1481 wurde die Martinsburg errichtet. Die hochmittelalterliche Residenz hatte eine unmittelbare Verbindung zur Johanneskirche.

JOHANNESKIRCHE

Es wird angenommen, dass sie die erste Mainzer Bischofskirche war. Sie soll Erzbischof Hatto (891–913) anstelle eines großen römischen Gebäudes errichtet haben. Hatto, zugleich Abt mehrerer Klöster, hatte 896 Arnulf zur Kaiserkrönung nach Rom begleitet und dort von **Papst FORMOSUS (891–896)** kostbare Reliquien erhalten, darunter das Haupt des hl. Georg. Der Papst wollte wohl so Hatto enger an sich binden. Für diese Reliquie lässt Hatto in seiner Funktion als Abt der Reichenau St. Georg auf der Reichenau errichten (-> Reichenau). Die Mainzer Kirche zeigte einen ähnlichen Baubefund: eine Pfeilerbasilika mit Westquerhaus und rechteckigem Altarraum sowie einer Ostapsis. Diese Kirche wurde auch nicht von dem Feuer 1009 erfasst. Die Ostapsis hatte einen Johannesaltar, ein Martinsaltar lag im Westen. Da als Weihetag des neuen Doms von Willigis der 29. August, der Tag des hl. Johannes, gewählt worden war, wollte man wohl das alte Dompatrozinium auf den neuen

übertragen. 1036 nach Abschluss des Willigis-Bardo-Doms hatte Erzbischof Bardo die Johanneskirche in eine Stiftskirche umgewandelt. Sie wurde im 14. Jahrhundert neugebaut.

INFO Der sogenannte Domsgickel, der seit 240 Jahren aus 75 m vom Westturm hinunter auf das Geschehen in der Stadt blickt, ist ein Wahrzeichen der Stadt Mainz. 2013 erhielt er eine neue Vergoldung. Zuvor wurde er bereits dreimal von seiner Kirchturmspitze genommen, zuletzt 1956. Bei jeder Neuaufstellung bekam er Futter: Urkunden, Segenswünsche und andere Informationen wurden in seinen Eingeweiden verstaut. Wetterhähne haben eine uralte Tradition. **Papst LEO IV. (847–855)** hatte bereits einen wohlgenährten Wetterhahn auf das Dach der konstantinischen Basilika gesetzt. Bis heute hat er ein Gewicht von 46 kg. Dieser Hahn aus vergoldeter Bronze wird nun im Tesoro di San Pietro im Vatikan verwahrt. In karolingischen Quellen ist ein Wetterhahn auch für Brescia überliefert, der sich im Wetterhahn des Rampertus von circa 820 erhalten hat.

Ein Wetterhahn steht keineswegs nur für die Ermittlung der Windrichtung. Er steht auch für eine Mahnung dem christlichen Glauben treu zu folgen in Entsprechung zu Matth. 26,75 »Ehe der Hahn krähen wird, wirst du mich dreimal verleugnen« und hat aufgrund seiner Vorbilder vielleicht auch einen Rombezug.

Außerdem wird die legendäre Päpstin Johanna, deren Existenz von der heutigen Geschichtswissenschaft in Zweifel gezogen wird, mit Mainz verbunden. Sie gab sich als Johannes Anglicus aus Mainz aus und soll die Nachfolgerin von Papst Leo IV. gewesen sein. Angeblich bekleidete sie zweieinhalb Jahre den Stuhl Petri, bevor ihr wahres Geschlecht entdeckt wurde

INFO

Bischöfliches Dom- und Diözesanmuseum

Domstraße 3, 55116 Mainz

MANNHEIM

EHEMALIGE BURG EICHELSHEIM

Kaum jemand weiß es: Doch vor Mannheims Stadtgründung war **Papst JOHANNES XXIII. (1410–1415)**, der 1409 in Pisa gewählte Gegenpapst, sicher Mannheims hochrangigster Besucher. Allerdings saß dieser Gast in Mannheim ein. Papst Johannes hatte das Konzil in Konstanz eröffnet, wurde dann aber auf der Flucht aus Konstanz gefangengenommen (-> Konstanz). Ludwig III. von der Pfalz vertrat als Kurfürst und Pfalzgraf in Abwesenheit König Sigismunds dessen Belange in Konstanz. Daher wurde ihm der abgesetzte Papst Johannes zur Haft übergeben. Johannes wurde nach einer Zeit der Gefangenschaft in Heidelberg, die von 1415 bis Anfang 1416 dauerte (-> Heidelberg), in der ehemaligen pfalzgräflichen Zollburg Eichelsheim in Mannheim bis 1418 eingekerkert. Die Zollburg wurde um 1250 errichtet und stand bis zu ihrer Zerstörung während des 30-jährigen Krieges. Sie befand sich ungefähr dort, wo heute die Eichelsheimer Straße im Stadtviertel Lindenhof verläuft. Am Ende dieser Straße in Richtung Rhein liegt das

Mannheim, Stephanienufer, Zollburg Eichelsheim

Mannheim, St. Peter

Stephanienufer. Hier erinnert sowohl eine neuere Tafel mit vielen historischen Informationen, als auch eine ältere Tafel in leichtem Relief in Bronze an die Gestalt der ehemaligen Festung und die historischen Ereignisse, die sich in ihr abspielten. Es war eine Vierflügelanlage mit Ecktürmen. Wo dort genau das kirchliche Oberhaupt einsaß, ist unklar. In einem Brief beschwerte sich der Papst bitterböse über die Haftbedingungen: »Meine Unterkunft war beengt, ich schlief mit verkrümmten Gliedmaßen, mein Bett war zu kurz, und ich mußte schmutzige Kleider tragen. Nichts Gutes ist mir vom Pfalzgrafen widerfahren, sondern Gespött und mancherlei Kränkung hatte ich zu erdulden.«

INFO Zwei kleinformatige Radierungen, die als Pendants die Gefangenschaft des Papstes in Heidelberg und Mannheim zum Thema haben und im Kurpfälzischen Museum in Heidelberg und in den rem in Mannheim verwahrt werden, stammen aus dem 17. Jahrhundert. Bei der Heidelberg-Ansicht ist eine Perspektive von halber Höhe des Heiligenbergs gewählt. Hier sieht man auf einen runden Turm mit vergitterten Fenstern. Aus einer halbrunden Öffnung blickt der Papst hervor,

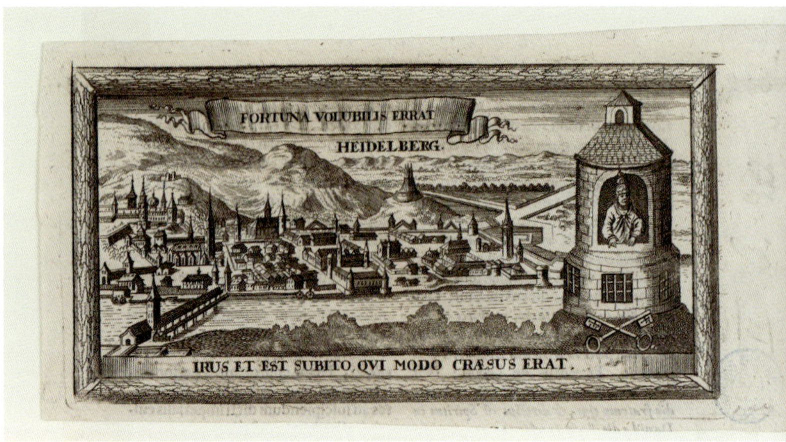

Papst Johannes XXIII. im Gefängnis in Heidelberg

erkennbar an der Tiara und den vor dem Turm liegenden gekreuzten Schlüsseln. Das Verließ könnte sich nach dem Stich im Bereich des heutigen Bismarckturms befunden haben. Die Mannheim-Radierung zeigt einen fast symmetrisch angeordneten Turm allerdings links neben der Festung. Beide Darstellungen sind mit Sprüchen aus Ovids Trauerelegien, den Tristia, gesäumt und verweisen so auf den glücklosen Papst. Bei der Mannheimer Radierung wird auf den Verlust der Schlüssel verwiesen. Der Gefängnisturm auf der Mannheim-Radierung ist dem in Heidelberg sehr ähnlich. Er ist außerhalb der Mannheimer Sternfestung gezeigt.

WEITERE SEHENSWÜRDIGKEITEN

Die Kirche St. Peter in Mannheim in der Augartenstraße wurde 1927–1929 im Stil der neuen Sachlichkeit von Hermann Otto Künkel entworfen und nach starker Kriegsbeschädigung Anfang der 50er Jahre wiederhergestellt. Ausgehend von dem Patrozinium nimmt die Gestaltung der Kirche auf Rom Bezug. Die Chorrückwand gestaltete Oskar Martin-Amorbach in Sgrafitto und

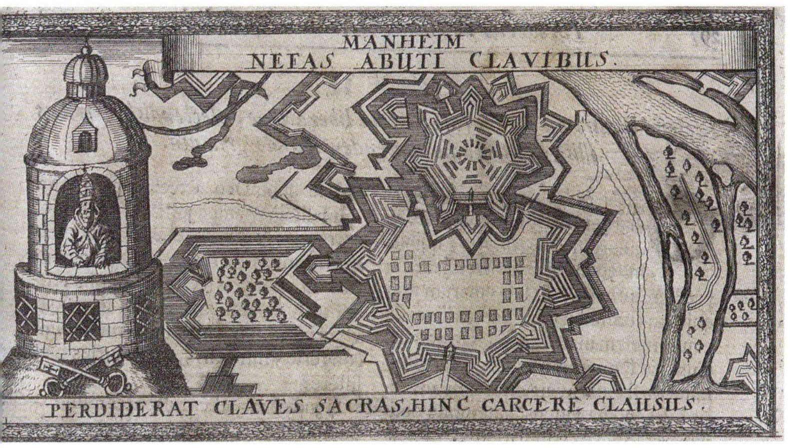

Papst Johannes XXIII. im Gefängnis in Mannheim

Mosaik mit Anklängen an Mosaiken der päpstlichen Basiliken in Rom. Vor der Kriegszerstörung zeigte die Chorwand ein Fresko des stehenden **Papstes PETRUS (+ 67)** von Willy Oeser.

In der Kunsthalle Mannheim befindet sich das Ölgemälde »Papst II«, das der irische Maler Francis Bacon (1909–1992) nach einem Papstporträt von Velazquez 1951 ausführte. In über 40 Versionen beschäftigte sich Bacon mit dem Portrait **Papst INNOZENZ' X. (1644–1655)** von Diego Velázquez aus dem Jahr 1650. Dies Gemälde war ihm über ein Foto zugänglich. Bacon war zunächst vor allem von den Farben und der formal-ästhetischen Gestalt des Papstporträts angezogen. Hinzukamen Anregungen, die ein weiteres Papstporträt bot: **Papst PIUS II. (1458–1464)** auf seiner Sänfte. Auch dieses Gemälde wurde Bacon über ein Foto bekannt. Ein Ergebnis dieser Auseinandersetzung ist das großformatige Bild «Papst II", das den Papst in einer Art Käfig mit schmerzverzerrtem Gesicht zeigt.

NÜRNBERG

In Nürnberg war wohl kein Papst persönlich zu Besuch, doch spielten heilige Päpste in den Glasfenstern der Lorenzkirche eine bedeutende Rolle.

ST. LORENZ

Als ab 1138 südlich der Pegnitz ein Stadtviertel entstand, erhielt dieses eine erste dem hl. Laurentius geweihte Kirche. Gut 100 Jahr später begannen die Bauarbeiten an einer hochgotischen Basilika, da dieser neugegründete Stadtteil rasant anwuchs. Teile dieser Basilika sind im Westteil der heutigen Lorenzkirche erkennbar. 1439 wurde mit der Errichtung des spätgotischen Hallenchors begonnen. Grund waren nicht nur die zahlreichen Pilger, nachdem ab 1424 die Reichskleinodien dauerhaft in Nürnberg verwahrt wurden, sondern ebenso die Reliquien des Beichtvaters von Kaiser Karl dem Großen (800–814), des hl. Deocarus (+826), dem Abt von Herrenried. Wie auf der anderen Pegnitz-Seite in St. Sebald für das Sebaldusgrab, so sollte nun auch hier gleichsam als Schrein für die Deocarusreliquien ein Hallenchor errichtet werden. Als Baumeister gilt Konrad Heinzelmann, der mit Bezug auf Heilig Kreuz in Schwäbisch Gmünd einen zweigeschossigen, von Licht durchfluteten Raum errichtete, der kaum Wandflächen aufweist. Nürnberg hatte sich ab 1400 zu einem bedeutenden Zentrum der Glasmalerei entwickelt. Ab 1456 wurden in diesem Chor die ersten Fenster eingesetzt, an Ostern 1477 konnte der Chor insgesamt geweiht werden. Der Hallenchor mit seinen Fenstern gehört zu den gelungensten Raumschöpfungen der Spätgotik in Deutschland.

Betritt man die Kirche über den heutigen Südeingang, so blickt man durch die älteren Bauteile an vielen Altären vorbei auf den weltberühmten Englischen Gruß von Veit Stoß. Dann schweift der Blick links darunter zum Sakramentshaus von Adam Kraft, dann zum Hochaltar und wird dann aber vom Chorachsenfenster im Osten

Nürnberg, Lorenzkirche, Westfassade

Nürnberg, Lorenzkirche, Ostchor

gebannt. Es wird auch Kaiserfenster genannt nach dem Nürnberger Stadtherren und Stifter: Kaiser Friedrich III. (1452–1493). Er wird in diesem Fenster in der Mitte der zweiten Reihe von unten vor einer Thronbank mit spätgotischem Wimpergbaldachin gemeinsam mit seiner damals bereits verstorbenen Gemahlin Eleonore von Portugal gezeigt. Sie sind im Krönungsornat dargestellt und an ihren Wappen eindeutig zu identifizieren. Hinter Friedrich ist ein Schwertträger gegeben, hinter Eleonore drei Hofdamen. Im Register unter ihnen sind Wappenhalter mit den Schilden der österreichischen Erblande zu erkennen. Das sechsbahnige Fenster zeigt ganz oben den Schmerzensmann umgeben von Engeln, die seine Leidenswerkzeuge (Kreuz, Säule, Lanze, Schwamm) tragen.

Darunter oben links beginnt die Darstellung der Legende von Kaiser Konstantin und **Papst SILVESTER I. (314–335)**. Beide sind als stehende Figuren im ersten Feld gegeben und eindeutig über die Spruchbänder zu identifizieren. Konstantin in gelb-goldener Schaube betet das in Rot gehaltene Kreuz an, Silvester ist in roter liturgischer Kleidung mit Tiara und Nimbus als heiliger Papst gezeigt. Es folgen drei Zellen, die sich mit Konstantins Übertritt zum Christentum befassen; besonders gut ist die Taufe – eine Immersionstaufe in einem Bottich – zu erkennen. Auf dem Altar dahinter sind in Grisaille die Bildnisse Petri und Pauli auszumachen. Die letzten beiden Felder zeigen Konstantin hoch zu Ross und zahlreiche Soldaten: die Schlacht an der milvischen Brücke, bei der Kaiser Konstantin im Zeichen des Kreuzes siegte.

Das Register darunter setzt die Kreuzlegende fort: In den ersten beiden Zellen ist Konstantins Einritt in Rom dargestellt. Das im Hintergrund innerhalb der Stadtmauer befindliche Alt-St. Peter mit seiner damaligen Fassade ist quasi ein Architekturporträt. In den nächsten vier Zellen geht es um die Auffindung des Wahren Kreuzes durch die Kaisermutter Helena. Da eine neue Hauptperson eingeführt wird, trägt diese wieder ein Spruchband mit ihrem Namen. Sehr gut sind die Arbeiter mit den Hacken zu erkennen, die das Kreuz ausgraben. In den letzten beiden Feldern werden Helena die drei Kreuze überreicht.

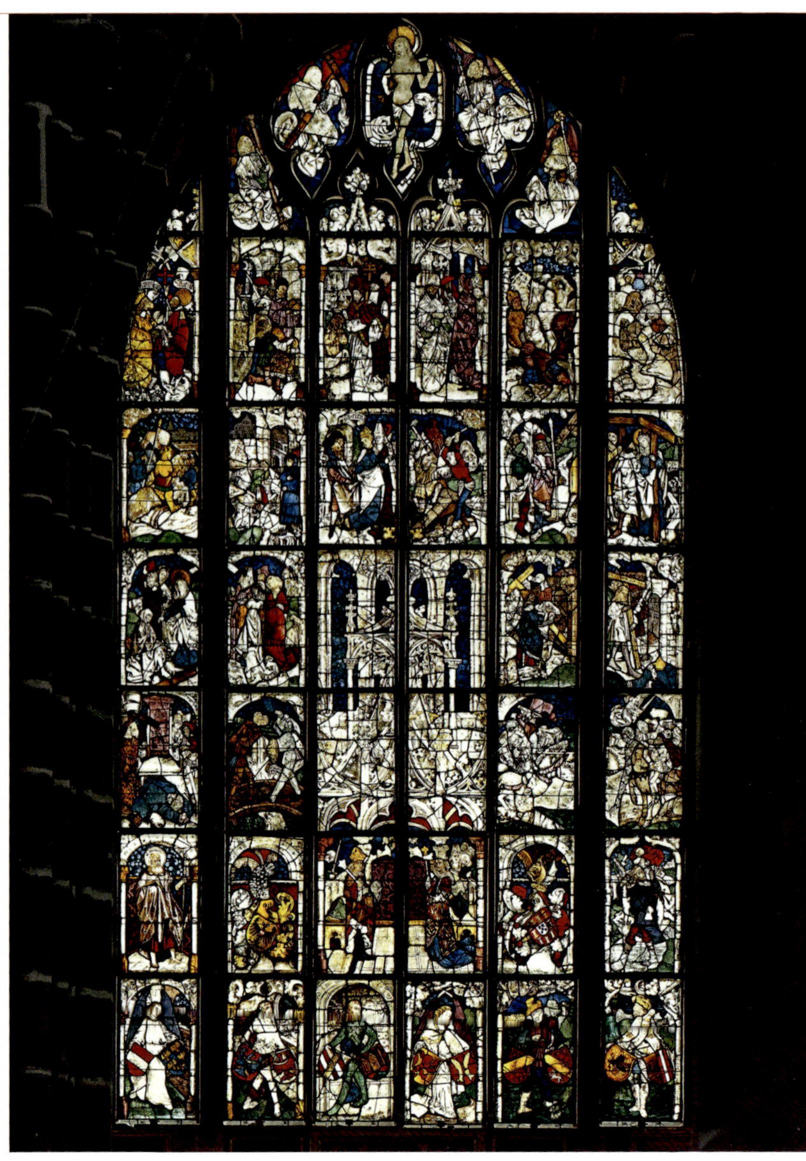

Durch den hochaufragenden Wimperg über dem Stifterpaar hat das dritte Register nur vier Felder. Die beiden Szenen links zeigen die Kreuzesprobe. Ein in weiße Tücher gehüllter Toter

Nürnberg, Lorenzkirche, Kaiserfenster

wird auf das Kreuz gesetzt und erwacht zu neuem Leben. Die Damen stehen für das Gefolge Helenas. Dann schließt in zeitlichem Sprung die Geschichte der Rückeroberung des Wahren Kreuzes durch den byzantinischen Kaiser Heraklius (die beiden Zellen rechts des Wimpergs) an. Als Heraklius mit dem geraubten Kreuz in Jerusalem einreiten wollte, versperrten Engel ihm zunächst das Stadttor, da er nicht wie Christus auf einem Esel einritt. Ganz rechts außen ist eine Person barfuß und in weißem Hemd mit dem Kreuz gezeigt: Heraklius, der nun in Demut das Kreuz nach Jerusalem bringt. Dann folgt im Register darunter ganz links die Enthauptung eines Frevlers und rechts daneben der Zweikampf mit Chosroe auf der Donaubrücke. Die letzten beiden Felder rechts des Wimpergs zeigen links anstürmende Reiter, rechts – durch das Spruchband bezeichnet – Kaiser Karl den Großen in der Schlacht gegen die Hunnen auf dem Berg des Sieges bei Regensburg. Ein Engel reicht ihm das Schwert als Zeichen seines christlichen Kampfes.

Das Fenster wurde 1476/77 in der Werkstatt Michael Wolgemuts, dem Lehrer Albrecht Dürers, gefertigt: Die Signatur Wolgemuts ist im Gewandsaum des Heraklius angebracht (vgl. Zelle »Heraklius vor dem versperrten Tor Jerusalems«).

Es wird davon ausgegangen, dass einzelne Szenen auf eigenhändige Skizzen des Meisters zurückgehen. Dafür mag sowohl die eigenwillige und detailreiche Zeichnung sprechen, als auch in gleicher Weise die ikonographische Nähe bestimmter Szenen zu Wolgemuts Tafelmalerei. Besonders nahe steht z.B. die Kreuzesprobe des Kaiserfensters zu einem Flügel des Schwabacher Hochaltars von Wolgemut mit ebenfalls der Kreuzesprobe. Vorlage für den Zyklus war ein Prosapassionale, das etwa 1390–1400 in Nürnberg entstand und 1475 zum ersten Mal in Nürnberg als Druckausgabe erschien. Kaiser Friedrich III. und Eleonore von Portugal waren die letzten Kaiser des Heiligen Römischen Reiches, die in Rom vom Papst zum Kaiser gekrönt worden waren. Damals gab es Bemühungen, die päpstliche Gewalt in Rom im hochmittelalterlichen Sinne wiederherzustellen. Friedrich III. hatte am 17. Februar 1448 mit **Papst NIKOLAUS V. (1447–1455)** das Wiener Konkordat geschlossen, das dem Papst Eingriffsmöglichkeiten bei kirchlichen Ämtern und Pfründen gab und Einkünfte im Reich zusprach. Umgekehrt hörte der Papst auf Friedrichs Wort bei der Besetzung von Bistümern. Im Kaiserfenster ist die Konstantin-Silvester-Legende als Vorbild für das Verhältnis von Papst und Kaiser zu Zeiten Friedrichs zu sehen. Möglicherweise spielte die drohende Türkengefahr, 1453 hatten die Türken Konstantinopel erobert, für die Aufnahme der Schlachten christlicher Kaiser (Konstantin, Karl der Große, Kaiser Heraklius) eine Rolle. Um die Türkenabwehr kümmerte sich damals der ungarische Herrscher Matthias Corvinus – Friedrich blieb untätig. Doch entsprechen die Schlachten-Szenen dem Idealbild des christlichen Kaisers, als den sich der Habsburger sah.

Da seit 1424 die Reichskleinodien in Nürnberg verwahrt wurden und unter ihnen die Heilige Lanze und der Essigschwamm waren – dargestellt im obersten Bereich des Fensters –, in deren Besitz der rechtmäßige Kaiser sein musste, spielte Nürnberg für Friedrich eine wichtige Rolle. Das Programm des Fensters verbindet daher die Bedeutung Nürnbergs mit der damaligen Aktualität des Konstantin-Silvester-Zyklus im Sinne des sakralen Herrschaftsverständnisses Friedrichs. Der Krellaltar von 1483 unter dem Fenster zeigt die älteste bekannte Stadtansicht Nürnbergs. Sie mag den Weg weisen zu Frauenkirche, Rathaus und Kaiserburg – Orte, an denen die Reichsinsignien in Nürnberg lagen.

Auf dem Weg aus der Kirche werfen wir noch einen Blick auf das südlich anschließende, rechts vom Kaiserfenster liegende Konhoferfenster. Es ist nach dem Regensburger Dompropst und erstem Pfarrer von St. Lorenz, Dr. Konrad Konhofer, benannt, der der Initiator des Chorneubaus war. Das Fenster hat die 14 Nothelfer und das Wunder des Langheimer Hirtenknabens zum Thema. Auffallend ist im obersten Register zwischen Christophorus ganz links und den drei Feldern mit dem Langheimer Hirten ein ehemals namentlich bezeichneter Papst: Es ist **Papst SIXTUS II. (257–258)**, der hier anstelle des sonst üblichen Nothelfers Dionysius gezeigt wurde. Papst Sixtus II. wurde auch in die Zyklen zum Kirchenpatron Laurentius im Paumgartner- und im

Schmidmayerfenster einbezogen. Das Paumgartnerfenster von 1456 ist das westlichste der nördlichen Reihe des Hallenchors. Von dem einstmals ausführlicheren Laurentius-Zyklus haben sich nur fünf Felder in situ, wenngleich in falscher Reihenfolge, erhalten. Die ganz links eingesetzte Scheibe zeigt die Verhaftung von Papst Sixtus durch Schergen des römischen Kaisers Decius, dann folgt das Verhör des Papstes, dann die Gefangennahme des Laurentius und schließlich ganz rechts außen »Papst Sixtus weiht Laurentius zum Diakon«. Die Zellen darüber nehmen als Architekturporträt auf die Lorenzkirche Bezug. Künstler war eventuell »Meister Conrat Maler« aus Regensburg, den Konrad Konhofer vielleicht durch sein Amt als Dompropst in Regensburg kannte.

Schreiten wir nun in das Langhaus und bewegen uns auf der Südseite dem Ausgang zu, so ist das westlichste südseitige Fenster eine Stiftung der Familie Schmidmayer. Dies wurde 1509 unter Verwendung von Entwürfen Albrecht Dürers angefertigt und wird Hans Süß von Kulmbach zugeschrieben. Über sechs Wappenscheiben aus der Hirsvogel-Werkstatt sind fünf Scheiben mit Szenen aus dem Leben des Kirchenpatrons angebracht. Die Zelle ganz links zeigt Papst Sixtus II., wie er vor seinem Martyrium sein Vermögen seinem Diakon Laurentius anvertraut. Möglicherweise ging für den Einbezug von Papst Sixtus bei diesen Darstellungen eine Anregung von den Fresken Fra Angelicos in der Privatkapelle Papst Nikolaus V. im Vatikanpalast aus. In jedem Fall ist bemerkenswert, dass bei allen Darstellungen der Heiligenlegenden vielleicht infolge der Neuregelungen Friedrichs III. ein enger Papstbezug gesucht wird.

TIPP Möglichst den Besuch in St. Lorenz morgens bei hellem Licht einplanen. Unbedingt ein Fernglas mitnehmen!

WEITERE SEHENSWÜRDIGKEITEN

Anschließend lohnt ein Besuch von Frauenkirche, Rathaus und Kaiserburg, wo die Reichskleinodien lagen.

OBERMARSBERG

Nicht weit von Paderborn entfernt liegt der Ort Obermarsberg auf einem markanten Bergplateau oberhalb der Diemel und daher in einer landschaftlich äußerst eindrucksvollen Position. Von früher Zeit an war der Ort strategisch bedeutsam. 772 eroberte Karl der Große während der Sachsenkriege die auf dem Plateau liegende Eresburg. In seinem Auftrag wurden Missionare um Sturmius von Fulda dorthin geschickt. 780 soll Karl hier ein Kloster gegründet und eine steinerne Kirche errichten haben lassen. In der heutigen Pfarrkirche St. Peter und Paul sind die Reste dieser einst benediktinischen Stiftskirche erhalten. Diesen Vorgängerbau in der Eresburg soll der Legende nach **Papst LEO III. (795–816)** geweiht haben, als er nach Paderborn reiste und 799 mit Karl dem Großen zusammentraf. In der heutigen Pfarrkirche befinden sich im Innern des nördlichen Seitenschiffs ostseitig zwei skulptierte Köpfe aus Kalkstein. Sie werden mit Leo III. und Karl dem Großen in Verbindung gebracht und beide in das späte 13. Jahrhundert datiert. Bis 1962 waren ihre Namen in die gemalten Aureolen hinter den Häuptern geschrieben. Der Papst ist bärtig mit niedriger Mitra dargestellt, die Malerei zeigte Edelsteinbesatz auf der Mitra, Pontifikalkleidung und Pallium – der Herrscher ist mit Blütenkrone gezeigt, wobei die Malerei Schwert, Kirchenmodell und Kleidung nach staufischem Vorbild ergänzt. Der große Forscher zu Papstbildnissen, Gerhart Burian Ladner, sah bei dem Kragen Karls und dem leichten Bart Leos eine enge Verwandtschaft zu den Darstellungen beider im Triklinium (den Speisesälen) des Lateranpalastes und folgerte daraus, dass eine irgendwie geartete Vorlage aus Rom nach Westfalen gelangt sein müsse. Da die Inschriften »Leo III pont. max.« und »Carolus magnus« gotische Buchstaben nachahmten, vermutete Ladner, dass diese vielleicht sogar ursprünglich waren. Movens für die Anbringung dieser beiden Bildnisreliefs war sicher die nie erloschene Erinnerung an das große Gipfeltreffen 799 zwischen Papst Leo III. und Karl dem Großen. Außerdem hat sich vor Ort die Legende erhalten, dass Leo Eresburg Ablässe verliehen habe. Es lohnt ein Gang durch den Ort: Im Eingangsbereich des

Obermarsberg, St. Peter und Paul, Papst Leo III.

Obermarsberg, St. Peter und Paul, Karl der Große

ehemaligen Stifts befindet sich der sogenannte Benediktusbogen von 1759 mit Statue des Heiligen in einer Nische und darüber einer Tiara – eine barocke Erinnerung an Papst Leo III.! Außerdem ist ein Besuch der Nicolaikapelle in Obermarsberg zu empfehlen. Sie wurde im 13. Jahrhundert errichtet, als der Ort in staufischer Zeit neue Bedeutung erlangte. Die Skulpturen des Chores verraten etwas zur Geschichte des Ortes: An der südlichen Außenwand sind drei skulptierte Köpfe eingelassen, die aus dem 13. Jahrhundert stammen und nach der örtlichen Tradition Karl den Großen mit Vollbart, Ludwig den Frommen ohne Bart und Ludwig den Deutschen wiederum mit Vollbart zeigen. Alle drei tragen Kronen. Mit Karl wird an die Gründung des Stiftes erinnert, mit Ludwig dem Frommen an die Schenkung der Eresburg mit Kirche und Kloster im Jahr 826 an Corvey, und mit Ludwig an die Verleihung der Marktrechte an Niedermarsberg im Jahr 900. Man mag einen Bezug zum Besuch Papst Leos III. annehmen. Vielleicht schlägt sich hier eine lokale westfälische ikonographische Tradition nieder. Denn vergleichbare gekrönte Häupter mit langen Bärten kommen außen am Portal des südlichen Querschiffs der Neustädter Johanneskirche in Warburg vor.

PADERBORN

Der Name Paderborn verrät etwas zur Lage des Ortes: Zahlreiche Karstquellen bringen die Pader zu Weg. Das sieht man direkt unterhalb des Doms. Mit 4 km ist die Pader der kürzeste Fluss dieser Breite in Deutschland. Der Wasserreichtum spielte in karolingischer Zeit für die Wahl dieses Platzes als Pfalz eine Rolle. An diesem Ort traf 799 **Papst LEO III. (795–816)** mit Karl dem Großen zusammen, um den Herrscher um Unterstützung gegen die aufständischen Adligen der Stadt Rom zu bitten. Der Papstbesuch markiert eine Wende in der europäischen und in der westfälischen Geschichte: Die erst soeben von den Franken eroberte Region war 780 Würzburg zur Mission übertragen worden. Ein Bischof Hathumar wurde allerdings erst 805/06 eingesetzt. Es scheint, dass Karl den Papst 799 in Paderborn empfangen wollte. Eine geplante Bistumsgründung liess sich durch einen Papstbesuch nobilitieren. Leo wurde vor der Stadt von einer ranghohen Delegation mit liturgischem Gesang eingeholt. In Paderborn gab es zunächst einen Gottesdienst, dann wurde in der Pfalz gespeist, und Papst und Kaiser tauschten Geschenke aus. Danach zog der König in die Pfalz, der Papst in sein Zeltlager. Über mehrere Tage hinweg folgten politische Beratungen u.a. über die Wiedereinsetzung Leos III. als Papst und über die Kaiserkrönung Karls in Rom.

ABDINGHOFKIRCHE ST. PETER UND PAUL

Um 800 stand bereits ein Vorgänger der heutigen Abdinghofkirche. Bei Ausgrabungen fand man unter dem Mittelschiff die Fundamente einer kleinen Saalkirche mit eingezogenem Rechteckchor, in der man früher die 777 von Karl dem Großen gegründete Salvatorkirche sehen wollte, die als Missions- und Lagerkirche der Franken gedient habe. Diese Ansicht wurde revidiert, doch bleibt sie der älteste Sakralbau der Stadt. Zweimal wurde die Kirche von Feuer heimgesucht. Dann wurde über der Saalkirche ein dreischiffiges Gotteshaus mit

Paderborn, Abdinghof

westlichem Querhaus errichtet. Die westliche Chorapsis hatte eingestellte Rundtürme. Im Osten wurde über einer Ringkrypta ein Chor errichtet. Die Krypta war dem Erzmärtyrer Stephanus geweiht. Nach einer Quelle des 12. Jahrhunderts hatte Papst Leo 799 in Detmold einen Altar dem hl. Stephan geweiht, der früh nach Paderborn in das Abdinghofkloster transloziert wurde. Eine Papstweihe konnte einer Klostergründung mehr Bedeutung verleihen. Beim großen Stadtbrand der Jahrtausendwende wurde die Kirche zerstört. Der Grundriss der heutigen Kirche entspricht der Abteikirche, die Bischof Meinwerk, der Hofkaplan und Verwandte Heinrichs II. (-> Bamberg), 1016 für das von ihm hier gegründete Benediktinerkloster errichten ließ: eine dreischiffige Kirche mit Ostquerschiff und Rechteckchor. Ein erneuter Stadtbrand 1058 machte unter den Bischöfen Imad und Poppo in der

zweiten Hälfte des 11. Jahrhunderts einen Neubau der Mauern nötig, allerdings über Meinwerks Grundriss. Im Westen wurde die Kirche verkürzt, später wurden Querhaus und Westapsis beseitigt.

Paderborn, Pfalz

PFALZ

In der Pfalz soll das Gipfeltreffen zwischen Papst Leo und König Karl stattgefunden haben. Auf dem Gelände vor der Bartholomäuskapelle wurden seit 1963 Teile von Meinwerks Bischofspalast ausgegraben. Er muss ein stattliches langgestrecktes Gebäude gewesen sein. Davor wurden Grundmauern der karolingischen Pfalz entdeckt, die Karl der Große als Versammlungsplatz nutzte.

Viermal war Karl in Paderborn. Im Zuge der Ausgrabungen wurden auch Reste der Pfalz- und Missionskirche entdeckt. Außerdem fand man die Grundmauern einer ab 794 hier errichteten größeren Kirche, die eine künftige Bischofskirche werden sollte. 799 wurde diese Kirche im Beisein König Karls eingeweiht, da Karl als Bistumsgründer auftreten wollte. Zeitgenössische Quellen vergleichen den König und seine Sachsenmission daher mit **Papst GREGOR I. (590–604)** und dessen Angelsachsenmission. Diese größere Kirche wurde Maria und Kilian geweiht, wobei mit guten Gründen als Weihedatum der 2. Juli 799 angenommen wird. Leo traf erst später ein. Ihm verblieb in dieser Kirche von ›staunenswerter Größe‹ nur noch die Weihe eines Nebenaltars zu Ehren des Erzmärtyrers Stephanus. Ferner stieß man bei den Ausgrabungen auf der Nordseite des Platzes auf einen Saalbau und einen Hof, in dem Stufen und Fundamente eines Throns zum Vorschein kamen. Hier soll der Thron Karls des Großen gestanden haben. Wie die Kirchen wurde die Pfalzanlage bei dem großen Feuer des Jahres 1000 zerstört und nicht wieder aufgebaut. Rekonstruktionen des Palastkomplexes und Kleinfunde der Pfalzanlage, insbesondere Putzfragmente mit Wandmalereien um 800, sind im Museum der Kaiserpfalz in Paderborn zu sehen.

BARTHOLOMÄUSKAPELLE

Ein architektonisches Kleinod in diesem Bereich nördlich des Doms ist die dem Apostel Bartholomäus geweihte Kapelle. Bischof Meinwerk liess sie 1017 angeblich von griechischen – wohl italienischen – Bauleuten errichten. Es handelt sich fast um eine Art Zentralraum, eine vierjochige Halle zu drei Schiffen, die überkuppelt sind. Sechs sehr schlanke Säulen tragen die Kuppeln. Der Raum ist gerichtet, der Altar steht in einer kleinen Apsis. Die Wandflächen werden durch rundbogige Nischen und schlanke Halbsäulenvorlagen rhythmisiert. Die hohen Kapitelle sind aufwendig mit Blattformen versehen und wirken byzantinisierend.

DOM ST. MARIA, LIBORIUS UND KILIAN

Bestimmendes Bauwerk der stark im Zweiten Weltkrieg zerstörten Stadt ist der Dom. Er ist jedoch erst nach dem Papstbesuch entstanden. Im Bereich der Brigidakapelle wurde der dreiapsidiale Chorschluss einer 52 m langen Kirche gefunden, der bis an die Ostmauer der Bartolomäuskapelle reichte. Chorlösung und Schiff dieses Baus erinnern an karolingische Bauten wie Fulda-Petersberg. Vermutlich war dieser Bau der im Bereich der Pfalz freigelegte Kirchenbau, der in den Quellen als von ›staunenswerter Größe‹ apostrophiert wird. Nachdem 836 Liboriusreliquien aus Le Mans nach Paderborn gekommen waren, rangierte dieser Heilige vor Kilian, dem Würzburger Bistumspatron. Die Feuersbrunst, die im Jahr 1000 die ganze Stadt traf, machte einen Neubau nötig. Der Grundriss des 1015 unter Meinwerk geweihten Doms bestimmt in weiten Teilen noch die Gestalt der heutigen Kirche. Auffallend ist der dicke Westturm mit den angesetzten runden Treppentürmchen, die wohl auf Meinwerk zurückgehen. Der Turm selbst datiert um 1075. An ihn schließt ein basilikales Joch an, ein kaum ausladendes Querhaus, dann eine dreischiffige Halle zu vier Jochen, die in die Jahre 1225–1260 datiert, woraus auf einen Planwechsel zu schließen ist, dann das östliche Querhaus und dann der gerade schließende zweijochige Chor. Bemerkenswert ist im Paradies das Figurenportal von etwa 1250, das in das westliche Querhaus führt. Im Tympanon sind die Himmelskönigin, ihr zu Seiten Petrus und Paulus, sowie weitere Heilige (Jakobus, Johannes, Katharina, Julian) gezeigt. Die Kirchenpatrone Kilian und Liborius haben auf den Türen ihren Platz gefunden. Die Skulpturen des Portals stehen zwar in der Tradition der spätromanischen Portale Westfalens. Einzelne Elemente aber, vor allem die Ornamentik und die Lebendigkeit der Figuren, zeigen den Einfluss französischer Bildhauer aus Reims oder Paris.

Der Dom mit seiner großen Krypta (vergleichbare nur in -> Bamberg und Speyer) war Ort einer besonderen Krönung. Erzbischof Willigis von Mainz weihte 1002 Kunigunde, die Gemahlin Heinrichs II., hier zur Königin.

Für eine besondere Stellung der Bischöfe Paderborns spricht nicht zuletzt, dass ihnen 1133 das Rationale von **Papst INNOZENZ II. (1130–1143)** verliehen wurde. Da dieser Ehrenschmuck 1655 neu angefertigt wurde, können wir uns kein Bild von dem mittelalterlichen machen.

INFO Im Zuge des großen Gipfeltreffens zwischen Papst und Kaiser soll Leo nicht nur zur Eresburg (-> Obermarsberg) gekommen sein, wo er 799 einen Petrusaltar weihte, sondern ebenso nach Detmold, auch hier weihte er einen Altar, und zur Hohensyburg, einer weiteren Burg Karls des Großen, die für Karl bei den Sachsenkriegen strategische Bedeutung besaß. In Hohensyburg soll Leo die Peterskirche geweiht haben, die es noch heute in Detmold-Syburg gibt; der heutige Kirchenbau wurde ab 1100 errichtet. Der Papst zog folglich den Hellweg entlang durch Sachsen.

Westfälisches Museum für Archäologie,
Museum in der Kaiserpfalz
Am Ikenberg 1
33098 Paderborn
Tel. 05251–10511–0
kaiserpfalzmuseum@lwl.org

REICHENAU

Die aufgrund ihres milden Klimas bekannte Gemüse- und Fischerinsel Reichenau ist heute durch den um 1840 gebauten Damm mit dem Festland verbunden. Die 4,5 km lange und 1,5 km breite Insel ist die größte der drei Bodensee-Inseln im Untersee. Bevor wir über diesen motorisiert statt wie einst mit dem Schiff auf die Insel fahren, lohnt ein Blick in die Landschaft: Zwischen aufgespannten Fischernetzen und Gemüsekulturen tauchen die drei Kirchen auf: Ober-, Mittel- und Unterzell. Bereits der Name »Zell«, von Zelle (cellula) erinnert an ein Kloster und in der Tat war die Klosterinsel Reichenau im Früh- und Hochmittelalter eines der bedeutendsten kulturellen Zentren des Abendlandes mit engem Kontakt zu den Päpsten. Einen Traktat über den Gemüseanbau hat der Reichenauer Abt Walahfridus Strabo im 9. Jahrhundert abgefasst. Um 850 lebten auf der Reichenau 134 Mönche, zu Zeiten von Abt Alawich (934–958) etwa 95 Mönche.

Kommt man über den Damm, so stößt man zunächst auf St. Georg. Diese Kirche war um 900 zunächst als Zentralbau errichtet worden. Erzbischof Hatto von Mainz (891–913) hatte den Bau begonnen, entweder als Grabeskirche für sich oder als Kultbau für eine hochbedeutende Reliquie. 896 hatte der Mainzer Erzbischof (-> Mainz) Arnulf zur Kaiserkrönung nach Rom begleitet und dabei von **Papst FORMOSUS (891–896)** neben anderen Reliquien das Haupt des hl. Georg erhalten. Für diese Reliquie wurde der Zentralbau St. Georg mit Krypta errichtet, der rasch ein Langhaus bekam und in seinen Bauformen der Johanneskirche in Mainz ähnelt. Im 10. Jahrhundert wurde die Georgskirche mit einem der bedeutendsten Wandmalereizyklen der ottonischen Zeit ausgestattet. Die Szenen aus dem Leben Christi sind erstmalig nördlich der Alpen so ausführlich und stehen in engem Bezug zu den Reichenauer Buchmalereien.

Seit die Reichenau UNESCO-Welterbestätte ist, gibt es bei jeder der Kirchen ein Informationszentrum. Das größte dieser ist das Museum Reichenau nahe dem historischen Rathaus aus dem 13. Jahrhundert. In diesem Museum erfährt man zur Geschichte

Reichenau, Oberzell

der Reichenau, den Reliquien und der Buchmalerei. Von den berühmten Codices der Reichenauer Buchmalerei, die ab 970/980 erblühte, ist auf der Insel als Original nur ein Doppelblatt geblieben. Vielleicht waren illuminierte Bücher im Gepäck, als Abt Witigowo (985–997) Otto III. zur Kaiserkrönung nach Rom begleitete. Sicher aber kamen Bücher nach Rom ab 997, als sich Alawich II. dort zum Abt weihen ließ. Ihm stellte der in Worms erzogene **Papst GREGOR V. (996–999)** (-> Worms) 998 ein besonderes Privileg aus, in dem es heißt: »… dass das Sinlezzesaugia [=Reichenau] genannte Kloster in Alemannien … der Weisung und dem Schutz des Apostolischen Stuhls untersteht, und der Abt jenes Orts mit Dalmatik und Sandalia vom römischen Bischof geweiht wird. Dies auf Veranlassung Kaiser Ottos III. Der Abt hat bei seiner Weihe als Abgabe zu leisten: eine Sakramentarhandschrift, ein Epistolar, ein Evangelienbuch und zwei Schimmel …«. Das um 1030 entstandene und auf der Reichenau verbliebene Doppelblatt mit der Darbringung Jesu im

Reichenau, Mittelzell

Tempel war in solch einer liturgischen Handschrift und zeigt den Höhepunkt dieser Buchmalereien in der sogenannten Liuthargruppe. Abtweihen durch den Papst sind bis zu Abt Ulrich III. 1095 belegt.

Die einstige Abteikirche war die Kirche St. Maria und Markus. Sie ist im Kern die älteste Kirche der Reichenau. Die Gründung des Klosters Reichenau geht auf das Jahr 724 und den hl. Pirmin zurück (-> Hornbach). In diesem Kloster lebten bedeutende Äbte, Gelehrte und Künstler, wie Walahfridus oder Hermann der Lahme. Von der allerersten Kirche Pirmins, wohl in Holz errichtet, und auch von der nachfolgenden karolingischen Klosteranlage ist nichts bzw. überirdisch kaum etwas erhalten. Von den Veränderungen der Klosterkirche in der Zeit Abt Hattos sind die Vierungsbögen und das östliche Querhaus in die späteren Bauten übernommen worden. Sie sind mit der 816 über einem kreuzförmigen Grundriss geweihten Basilika zu verbinden. Der mehrfach veränderte Westteil der Klosterkirche erhielt unter Abt Berno ein Westwerk. Dies konnte kurz vor Bernos Tod 1048 im Beisein Heinrichs III. eingeweiht werden. Der gotische Chor, der unter Abt Friedrich (1427–1435) angefügt wurde, ist Ausdruck eines Neubeginns des monastischen Lebens in der Abtei nach einer Phase des Niedergangs.

Die dritte Kirche der Insel, St. Peter und Paul, in Niederzell ist eine doppeltürmige Säulenbasilika mit drei Apsiden aus der Zeit der Romanik. Die Stiftskirche hatte Bischof Egino von Verona gegründet und 799 geweiht. Der aus alemannischem Adel stammende Bischof verstarb 802 und wurde nach seinem Wunsch hier begraben. An ihn erinnert die Grabplatte im Chor, und auf die karolingische Kirche gehen in der Kirche aufgestellte skulpturale Fragmente zurück. Den mehrmals durch Feuer beschädigten und notdürftig geflickten Bau ließ Abt Ekkehard von Nellenburg 1080 abreißen und durch einen kompletten Neubau ersetzen. Die heutige Basilika geht auf ihn zurück. Bemerkenswert sind die Apsismalereien von 1104–1134 mit einer Maiestas Domini sowie zu Seiten den Kirchenpatronen Petrus und Paulus und in zwei Registern darunter Aposteln und Propheten. An der Ostwand des nördlichen Seitenschiffs befinden sich Fresken, die um 1300 datiert werden, bei denen die Päpste, Bischöfe und Äbte auffallen, die vielleicht in Zusammenhang mit der Klostergeschichte stehen.

INFO

Museum Reichenau
Ergat 1 + 3
78479 Reichenau
Tel. 07534-999321
info@museumreichenau.de

SPEYER

Nähert man sich vom Altpörtel kommend dem Dom, so durchschreitet man den breiten und über 600 m langen bereits zu Zeiten der Salier angelegten Straßenmarkt. Zur Linken etwa am Platz der jetzigen Dreifaltigkeitskirche lag die Königspfalz. Bald fällt der Blick auf die mächtige Westfront des Doms, die die eigentliche Fassade verdeckt.

KAISERDOM ST. MARIA UND ST. STEPHAN

Beherrschendes Bauwerk in Speyer ist der von weitem sichtbare salische Kaiserdom. Dass er aber mit einer Reliquie von **Papst STEPHAN I. (254–257)** und dem Besuch gleich mehrerer Päpste auftrumpfen kann, ist wenig präsent.

Ein Jahr, nachdem Konrad II. aus dem Geschlecht der Salier, zuvor Grafen des Worms- und Speyergaus, zum Kaiser gekrönt worden war, wurde 1025 mit dem Bau des Speyerer Doms begonnen. Unter Kaiser Heinrich III. wurde er so gut wie vollendet und 1061 geweiht. Er ist mit fast 134 m Länge der größte salische Kirchenbau in Deutschland. Trotz der Beschädigungen im pfälzischen Erbfolgekrieg 1689 hat er sich noch in großen Teilen als salischer Bau erhalten bzw. das Langhaus wurde bereits in der Barockzeit in den salischen Formen wiederhergestellt.

Charakteristika dieses frühen salischen Kirchenbaus sind das an den Westbau anschließende dreischiffige Langhaus, das flach gedeckt war; die Kapitelle, Basen und Gesimse, die einfache Formen zeigen. Lässt man im Langhaus die Gewölbe und Vorlagen weg, die im Zuge des Stützenwechsels angebracht wurden, so hat man den Bau vor sich, der beim Tode Heinrichs III. stand. Kennzeichnend ist auch das System der Blendbögen, das Georg Dehio für den »imperialen Gestus« des Langhauses verantwortlich macht. An das Langhaus schloss ein dreijochiges, ausladendes Querhaus an. Die Apsis des Chors war rechtwinklig ummantelt. Der Chor war

Speyer, Dom

tonnengewölbt, Seitenschiffe und Krypta mit Kreuzgratgewölben versehen.

Unter Heinrich IV. fand ab 1982 und bis etwa 1106 ein Umbau statt: Er betraf vor allem die Einwölbung von Mittelschiff und Querhaus sowie die Erneuerung der Ostteile des Doms. Der Chor wurde oberhalb der Krypta neugebaut. Erkennbar sind diese Umbauten im Außenbau an den gequaderten Mauern, den Zwerggalerien und den aufgesetzten Türmen. Bis in Höhe der Chorgalerie gehören die östlichen Türme noch der ersten Bauphase an. Nun wurde reiche Bauzier durch lombardische Steinmetze angebracht. Lombardisch muten auch die sieben Blendbögen an, die der schmalen Apsis aufgelegt sind. Im Innern hatte die Einwölbung eine Rhythmisierung durch Stützenwechsel und das gebundene System zur Folge: Der Breite von zwei Seitenschiffjochen entspricht ein Gewölbequadrat des Mittelschiffs. Das Innere wirkt heute sehr leer, doch lassen sich dadurch die beiden Bauphasen gut nachvollziehen.

Den ersten Bau und die Krypta hat sicher **Papst VIKTOR II. (1055–1057)** wahrgenommen, als er Heinrich III. hier zu Grabe trug. Es wird eine besondere Messe im Beisein des Papstes gegeben haben.

Steigt man heute im Bereich der Vierung in die Krypta hinab, so kommt man in einen gewaltigen Raum, der die gesamte Fläche unter Chor und Vierung einnimmt. Die Krypta wurde 1041 geweiht. Die 1689 erneuerten Kreuzgratgewölbe, die auf Säulen mit Würfelkapitellen ruhen, spiegeln die erste Bauphase. In der Krypta befinden sich sieben Altarnischen, von denen noch vier die originalen romanischen Altarstipites tragen. Außerdem ist hier das romanische Taufbecken aufgestellt, das die damals übliche Form für eine Immersionstaufe zeigt. Die Saliergruft liegt unter dem Mittelschiff noch vor der Vierung. Während des Baus wurden hier Konrad II., Gisela und Heinrich III. bestattet. Ihre Grabplatten ragten in den Fußboden der Kirche – die Gruft war damals nicht zugänglich. Seitlich der Gräber gab es damals Treppen hinunter in eine Art Vorkrypta, die aber noch im 11. Jahrhundert verfüllt und verlegt

Speyer, Dom, Blick vom Südwestturm

wurden, als weitere Gräber angebracht wurden. Unter anderem sind hier Kaiserin Berta, Heinrich IV. und Heinrich V. bestattet. Der Wunsch der Grablege im Dom entsprang nicht nur der damaligen Frömmigkeit. Er war zugleich Ausdruck der Überzeugung, dass die Herrscher im Auftrag Christi ihr Amt wahrnahmen. Dass dabei in irgendeiner Form das salische Kaiserevangeliar, das monumentale Evangeliar, das um 1045/46 in Echternach angefertigt wurde und heute im Escorial liegt und das genau diese Herrschaftsvorstellungen Heinrichs III. zum Ausdruck bringt, eine Rolle spielte, ist sehr wahrscheinlich. Es zeigt auf vier Schmuckseiten eine lückenlose Sukzession von 48 Päpsten von Petrus bis zu Papst Stephan I. Auch auf das Papstamt wollte Heinrich III. einwirken: Er half mehreren Bischöfen auf den Stuhl Petri.

Speyer, Dom, Katharinenkapelle, Reliquiar für das Haupt von Papst Stephan I.

Vielleicht liegt hierin auch die Erklärung für die Aufbewahrung einer Papstreliquie. Steigt man aus der Krypta empor und begibt sich in das südliche Seitenschiff, so stößt man auf einen seit Dezember 2000 als Reliquienkapelle genutzten Raum. Es ist die nach 1080 errichtete Doppelkapelle mit schönen Kompositkapitellen lombardischer Steinmetze. Im unteren Geschoß befindet sich die Taufkapelle St. Martin. Das obere Geschoß ist Katharina geweiht. In modernen Schreinen, die Leopold Hafner aus Aicha vorm Wald bei Passau gestaltete, werden die Reliquien des Speyerer Doms präsentiert. Unter diesen befindet sich die Kopfreliquie von Papst Stephan I. (254–257). 1047 hatte Kaiser Heinrich III. von seiner Romreise einen Beinknochen von Guido vom Pomposa, das Haupt des persischen Märtyrerpriesters Anastasius und die Kopfreliquie von Papst Stephan mitgebracht.

Die mittelalterliche Ausstattung des Doms verbrannte 1689, die barocke wurde 1794 verschleudert. Umso schöner ist es, dass die 1930 dem Dom von **Papst PIUS XI. (1922–1939)** geschenkte Madonna links am Aufgang zur Vierung aufgestellt ist. Die nach den Stilmerkmalen des weichen schönen Stils gefertigte Madonna, eine Mondsichelmadonna mit Krone und Rosenszepter, ist eine spannende Mittelalterrezeption. Als sein Nachfolger **Papst JOHANNES PAUL II. (1978–2005)** am 4. Mai 1987 Speyer besuchte, versenkte er sich im Gebet vor diesem, von einem Papst gestifteten Marienbild.

Maria ist sowohl die Schutzpatronin der Kirche als auch der Salier. Als Bernhard von Clairvaux 1146 in Speyer zu Besuch war, soll er der Patronin des Doms besondere Verehrung zuteil haben werden lassen und das Salve-Regina um vier Strophen erweitert haben: »O clemens / o pia / o dulcis / virgo Maria«. Daher sind diese vier Epitheta Mariens nacheinander in Tafeln mit Messinglettern im Fußboden der Kirche eingelassen.

1846–1853 fertigte der Münchner Historienmaler Johann Schraudolph im Auftrag von König Ludwig I. von Bayern 123 Gemälde für den Dom. An den Langhauswänden erzählen die Bilder Begebenheiten aus dem Leben Mariens. Im südlichen Querhaus waren die Fresken mit der Predigt des Erzmärtyrers und

Papstes Stephan angebracht. Gegenüber im nördlichen Querhaus waren Ereignisse um die Kreuzzugspredigt gezeigt, die Bernhard von Clairvaux an Weihnachten 1146 in Speyer hielt. Er sollte Konrad III. hier im Auftrag von **Papst EUGEN III. (1145–1153)** für den zweiten Kreuzzug gewinnen. Diese Fresken sind abgenommen, und einige werden nun im Kaisersaal (1. OG des Westbaus) gezeigt. Von dort gelangt man hinauf zur Aussichtsplattform im Südwestturm, von der man einen einzigartigen Blick über die Dächer des Doms, die Stadt und in Richtung Pfälzer Wald hat.

WEITERE SEHENSWÜRDIGKEITEN:

Vor dem Dom in der Maximilianstraße startet der Pfälzer Jakobsweg nach Hornbach. Eine Bronzeskulptur eines Jakobspilgers verweist auf ihn. Er führt auf seiner Südroute ca. 135 km vom Speyerer Dom durch den Pfälzer Wald nach Hornbach, wo Reliquien von **Papst FABIAN (236–250)** hingelangten (-> Hornbach). Die etwas längere nördliche Route führt über Neustadt an der Weinstraße, Lambrecht mit seltenen Darstellungen **Papst ALEXANDERS I. (107–116?)** (-> Lambrecht), Landstuhl und Zweibrücken nach Hornbach. Die Wegmarkierung ist eine Jakobsmuschel auf blauem Grund. Informationen dazu: www.jakobsweg-pfalz.de

Einen Besuch lohnt auch der Luftkurort Hauenstein, zum einen wegen seiner einmaligen landschaftlichen Schönheit inmitten der Pfälzer Buntsandsteinfelsen, zum anderen wegen der Schuhproduktion. Das Deutsche Schuhmuseum informiert auf einmalige Weise über Schuhherstellung, Schuhgeschichte und sozialhistorische Komponenten. In der Sammlung Prominentenschuhe finden sich sowohl Schuhe eines Schweizer Gardisten im Vatikan als auch rote Papstschuhe. Schuhkünstler Bertl aus München hat diese für **Papst BENEDIKT XVI. (2005–2013)** aus rotem Leder in der besonderen Technik des Real One Piece angefertigt. Die Schuhe sind, wie es auch für den Sonnenkönig Ludwig XIV. (1643–1715) belegt ist, aus einem einzigen Stück Leder hergestellt.

INFO

Deutsches Schuhmuseum Hauenstein

Museum für Schuhproduktion und Industriegeschichte

Turnstr. 5

76846 Hauenstein

TRIER

Trier ist neben Mainz und Köln eine der ältesten Städte Deutschlands. Die um 15 v. Chr. gegründete Siedlung wird um 50 n. Chr. bereits als »urbs opulentissima« bezeichnet. Hier kreuzten sich die Straßen von Metz nach Köln und die von Paris nach Mainz. Kaiser Konstantin hatte die Stadt von 306 bis zum Sieg an der milvischen Brücke zu seiner Hauptstadt gemacht. Damals entstanden repräsentative Bauten wie die Kaiserthermen und die Basilika; Trier war damals flächenmäßig die größte Stadt nördlich der Alpen. Die lokale Tradition berichtet, dass die ersten Bischöfe Triers, die in St. Matthias begraben sind, direkt vom **hl. PETRUS (+67)** eingesetzt worden waren. Von daher würde man bereits in frühester Zeit Papstbesuche erwarten. In den Quellen greifbar wird die Gegenwart eines Papstes aber erst 1051, als **Papst LEO IX. (1049–1054)** zusammen mit dem Kaiser Besitzfragen von St. Maximin regelte. Auf Einladung von Erzbischof Adalbero besuchte **Papst EUGEN III. (1145–1153)** von November 1147 bis Februar 1148 Trier. Grund war eine Provinzialsynode, die im Dom tagte. Nachrichten zum liturgischen Zeremoniell im Dom und Liebfrauen sind erhalten. Damit sind die Eckpunkte für den Rundgang auf den Spuren der Päpste durch Trier festgelegt: von den ältesten Teilen des Doms nach Liebfrauen und in den Domschatz, sodann nach St. Maximin und St. Matthias.

DOM ST. PETER

Der älteste Versammlungsraum der christlichen Gemeinde in Trier liegt unterirdisch im Bereich des Domhofs. Er ist mit einer Führung über die Dom-Information zugänglich. In dem Ausgrabungsbereich können verschiedene Bauphasen bei der römischen Wohnbebauung ausgemacht werden. Innerhalb der Reihenhäuser wurde eine Apsis ergraben, die 280–300 datiert wird und als ältester christlicher Versammlungsraum im deutschsprachigen Raum gilt. Um 310 entstand hier

Trier, Dom

Trier, Domgrabung

die erste Kirche Triers. Relativ bald danach, in etwa 100 Jahren, zwischen 280 und 380, sollte der größte Kirchenbaukomplex der Spätantike, bestehend aus vier christlichen Bauten, in diesem Areal entstehen.

Die Kaisermutter Helena hatte im Bereich des heutigen Doms eine große Palastanlage von etwa zwei Insulae Ausdehnung, die sie dem Trierer Bischof Agritius schenkte. Dieser begann anstelle des Palastes 326 bis 348 eine monumentale Doppelkirchenanlage zu errichten. Beide Kirchenbauten waren durch Zwischenbauten, darunter ein Baptisterium, miteinander verbunden. Diese Baugruppe wurde, allerdings ohne Atrien und Vorhöfe, Grundlage des heutigen Komplexes Dom-Liebfrauen. Der Legende nach hatte Helena von einer Pilgerreise nach Jerusalem die Tunika Christi, den Heiligen Rock, mitgebracht, die bis heute die bedeutendste Reliquie des Trierer Domes ist.

Unter Kaiser Gratian (375–383) wird der östliche Abschluss des nördlichen Baues umgeplant. Es entsteht der sogenannte Quadratbau, der in den Außenmauern der heutigen Vierung des Doms noch bis zu 25 m hoch erkennbar ist. Auch die zum Teil vermauerten Rundbogenfenster in zwei Geschossen sind teilweise noch zu sehen. Das Mauerwerk besteht aus mittelgroßen Sandsteinquadern mit Ziegeldurchschuss. Dieser Quadratbau blieb für den mittelalterlichen Grundriß des Domes maßgeblich. In diese Halle wurden vier 18 m hohe monolithe Granitsäulen eingestellt, die aus dem Felsenmeer bei Reichelsheim im Odenwald stammen und über die Weschnitz, vorbei an Lorsch (-> Lorsch), den Rhein und die Mosel hinauf nach Trier transportiert wurden. Dieser Raum war in neun Kompartimente unterteilt, wobei ein erhöhtes Podest das Mitteljoch einnahm.

Nachdem Trier 480 zu den Franken kam, verlor es seinen Rang als Hauptstadt und der Dom erfuhr Zerstörungen. Die Granitsäulen fielen um: Der sogenannte Domstein vor dem Südwestportal ist ein Rest solch einer Säule. Bischof Niketius (525–566) machte sich an die Instandsetzung des Quadratbaus mit Kalksteinsäulen und Spolienkapitellen. Bei zu ersetzenden Mauern kamen Kalksteinquader zum Einsatz.

Trier, spätantiker Domkomplex, Rekonstruktion

Als Karl der Große sein Reich ordnete, wurde die Erinnerung an die große Vergangenheit Triers in der christlichen Spätantike wieder wach: der Bischof von Trier wurde Metropolit für die Bistümer Metz, Toul und Verdun. In spätkarolingischer Zeit fügten die Normannen dem Dom 882 Zerstörungen zu. Nachdem Erzbischof Egbert (977–993) im Amt war, sollte der Dom dem Rang als Metropolitansitz entsprechend wieder instand gesetzt werden. Er lässt z. B. die eingestürzte südwestliche Säule durch einen Pfeiler ersetzen. Anstelle des konstantinischen Langhauses beginnt er mit der Errichtung einer dreischiffigen Pfeilerbasilika. Um 1000 wurde noch unter dem Eindruck der Normannen, nachdem die Römermauer bereits zerstört war, der Dombezirk als Immunität mit einer Mauer versehen.

Unter Erzbischof Poppo (1016–1047) wurde das Langhaus mit den neun abwechselnd schmalen und breiten Jochen neu errichtet. Damit wird aus dem römischen Zentralbau ein Langhausbau, wobei der römische Quadratbau die Anregung für die ungewöhnliche Jocheinteilung gab. Vor der Vierung fügte Poppo

Trier, Dom, Quadratbau

eine Krypta ein. Die Doppelturmfront mit Westapsis, die die heutige Domfassade bestimmt, geht auch auf Poppo zurück. Bis etwa 1075 zogen sich die Arbeiten hin. Diesen Bauzustand wird Papst Leo wahrgenommen haben, als er nach Trier kam.

Der Ostchorbereich wurde im 12. Jahrhundert errichtet und die Einwölbung des Langhauses erfolgte in der ersten Hälfte des 13. Jahrhunderts.

Bei allen späteren Veränderungen handelte es sich um kleinere Maßnahmen. Die Helligkeit im Innern resultiert daraus, dass im Barock über den Seitenschiffgewölben Lichtwände eingezogen wurden. Um 1500 wurde der Südwestturm des Doms erhöht und bis 1631 der Steilhelm von Liebfrauen.

Ungewöhnlich sind die drei Krypten im Innern. Die älteste Krypta ist die 1037 geweihte Maternuskrypta. Sie wurde vielleicht schon im 10. Jahrhundert begonnen und war wohl vierschiffig geplant, wie eine Säulenbasis andeutet, die stehen blieb. Ausgeführt wurde sie dreischiffig. Maternus war der dritte Bischof von Trier, den Eucharius und Valerius mit dem Petrusstab (-> Köln) wieder zu neuem Leben erweckt hatten. Für seine Gebeine wurde um 1900 ein neogotischer Schrein in Form eines Kirchengebäudes angefertigt.

Die Blasiuskrypta im Westen entstand im Zuge der Vollendung der Westapsis. Sie weist Kreuzgratgewölbe auf, die auf vier schlanken Säulen mit Würfelkapitellen ruhen. Damit ergeben sich wie beim Quadratbau neun Joche. Bemerkenswert sind auch die Reste mittelalterlicher Wandmalerei um 1400 mit einer Darstellung Christi in der Mandorla. Auch für das Haupt des Blasius wurde ein neogotischer Schrein angefertigt. Er ist dreiteilig und enthält auch die Häupter von Cornelius und Getulius.

Die dritte, jüngste und größte Krypta ist die der hl. Helena geweihte. Sie hat den gleichen Umriss wie der Ostchor. Bündelpfeiler tragen weite Gewölbe und verleihen der Halle eine gewisse Leichtigkeit. In einer Nische wird in einem Büstenreliquiar der hl. Helena ihre Schädelkalotte verwahrt.

Damit ist Helena in Beziehung gesetzt zur bedeutenden Heilig-Rock-Reliquie, die heute in der an den Ostchor angebauten Kapelle verwahrt wird. Diese Reliquie wurde ursprünglich im Westchor verwahrt, bei der Weihe des erneuerten Ostchores am 1. Mai 1196 hierhin überführt und nach 1704 in den eigens für sie errichteten Anbau an den Ostchor transloziert. Gewählt wurde eine Rotunde, deren schwingende Wände an Borromini-Architekturen erinnern. Die Reliquie ruht in textilen Umhüllungen und wird in einem Holzschrein verwahrt, der in einer klimatisierten Vitrine steht. Nur bei Heilig-Rock-Wallfahrten und vom Domkapitel festgelegten Anlässen wird die Reliquie gezeigt.

DOMSCHATZ

Ein kostbares spätantikes Gefäß wird mit der hl. Helena zusammengebracht. Die Amethystschale des 3.-4. Jahrhunderts gilt als Trinkschale der Kaisermutter. Eine Platte aus Bein, die ins 7. oder 8. Jahrhundert datiert wird, zeigt in Relief drei Bischöfe,

die vielleicht die ersten drei Trierer Bischöfe Eucharius, Valerius und Maternus sein sollen, vielleicht aber auch wie bei dem Elfenbein in Brescia Hieronymus, Augustinus und **Papst GREGOR I. (590–604)** meint. Ein bedeutendes Reliquiar, das im Kontext des Trierer Primatsanspruchs zu sehen ist, stellt der Andreas-Tragaltar dar, der im Auftrag Egberts 977–993 angefertigt wurde. Es enthält die Sohle der Sandale des Apostels und von seinem Bruder Petrus Barthaar sowie ein Stück seiner Kette. Bis 1802 war der Petrusstab das bedeutendste Stück des Domschatzes, den Petrus einer Legende nach den Missionaren Eucharius und Valerius übergeben hatte, um ihren in der Fremde gestorbenen Weggefährten Maternus zurück in das Leben zu holen. Dies gelang auch, und Maternus wurde Bischof von Köln, während Eucharius und Valerius Bischöfe von Trier wurden. Um 250 soll der Stab mit Eucharius in Trier gewesen sein. Um den wertvollen Stab brach bald Streit aus, sodass die Reliquie zwischen den Bistümern Köln und Trier geteilt wurde. Um 980 gelang es dem Trierer Bischof, ältere Ansprüche als der Kölner Bischof geltend zu machen, und er brachte einen Teil des Stabes nach Trier, wo er ein goldenes Reliquiar dafür anfertigen ließ. Heute befindet sich daher ein Teil des Stabes in Köln (-> Köln), der andere kam in Folge der Säkularisation mit der Reliquienhülle nach Limburg (-> Limburg).

LIEBFRAUEN

Die um die Mitte des 13. Jahrhunderts erbaute Liebfrauenkirche gehört zu den frühesten gotischen Kirchen Deutschlands. Damals behielt man die konstantinische Idee der Doppelkathedrale bei: Durch das Paradies und eine heute vermauerte Tür war die Verbindung zum Dom gegeben. Wie in Rom der Papst zu bestimmten Anlässen von St. Peter nach S. Maria Maggiore zog, so gab es in Trier zwischen dem Petrusdom und der Marienkirche, z. B. beim Besuch **Papst EUGENS III. (1145–1153)** 1148, eine Prozession, bei der der Petrusstab vorangetragen wurde.

Unter Erzbischof Theoderich II. wurde kurz nach 1235 begonnen, die einschiffige Marienkirche des 10. Jahrhunderts durch einen Zentralbau über dem Grundriss eines griechischen Kreuzes zu ersetzen. Abgeschlossen war der Bau vor 1265, was seine Einheitlichkeit erklärt. Im Aufriß zeigen sich in den Kreuzarmen zwei, in der Vierung drei Geschosse. In die Winkel der Kreuzarme wurden Kapellen gesetzt, so dass der Grundriss einer Rose gleicht.

In westlichem, östlichem und nördlichem Kreuzarm gibt es Portale, die sicher auch mit der Bedeutung der Kirche im Rahmen von Prozessionen zu tun haben. Das heute verschlossene Westportal hat mit dem mit Laubwerk besetzten Gewände sicher den reichsten Schmuck. Im Tympanon ist die Patronin, die thronende Muttergottes, gezeigt; links von ihr die Verkündigung an die Hirten und die Anbetung der Könige, rechts die Darstellung im Tempel und der Kindermord – alle vier aufgrund der Plastizität bemerkenswerte Reliefs.

DOMBEZIRK

Innerhalb der Domimmunität liegen heute Domherrenhöfe. Zu den ältesten Gebäuden gehört der Bischofspalast gegenüber des Doms, in dem damals vermutlich Papst Eugen empfangen wurde.

ST. MATTHIAS

Als Papst Eugen III. in Begleitung von Bernhard von Clairvaux und zahlreichen Kardinälen in Trier weilte, weihte er 1148 die damals noch in Bau befindliche Abteikirche. Aufgrund ihrer herausragenden Vergangenheit hat die Kirche 1920 unter **Papst BENEDIKT XV. (1914–1922)** den Titel einer Basilica minor erhalten.

Die Kirche war zunächst nach dem Gründer und ersten Bischof der Trierer Kirche, St. Eucharius, benannt. Eucharius war angeblich wie Valerius direkt vom hl. Petrus in sein Amt eingesetzt und soll im Haus der Witwe eines

Trier, St. Matthias

Senators Zuflucht gefunden, dort eine Kapelle errichtet und in der Gruft dieser Kapelle gemeinsam mit dem zweiten Trierer Bischof Valerius sein Grab erhalten haben. In der Tat wurde bei Grabungen im Bereich der heutigen Kirche ein frühchristliches Gräberfeld entdeckt, und die cella S. Eucharii könnte nördlich der Kirche unter der Quirinuskapelle gelegen haben. Um diese Zelle gesellten sich spätestens im 8. Jahrhundert Mönche, die nach der Regel des hl. Benedikt lebten. Unter Erzbischof Egbert (977–993) begann ein Neubau, der um die Mitte des 11. Jahrhunderts vollendet gewesen sein dürfte. Mauerwerk dieser Kirche hat sich im südlichen Querhaus der heutigen Kirche St. Matthias erhalten. Ein spektakuläres Ereignis war die Auffindung der Reliquien des Apostels Matthias im Jahr 1127, als man soeben mit einem Neubau der Klosterkirche begonnen hatte. Angeblich hatte die hl. Helena, die Mutter von Kaiser Konstantin, bereits im frühen 4. Jahrhundert die Gebeine nach Trier gebracht. Die Reliquien des Apostels wurden rasch ein beliebtes Pilgerziel und sollten das Euchariuspatrozinium verdrängen. Ein Brand 1131 in den Ostteilen der Kirche warf die Arbeiten zurück, die sich noch bis 1160 etwa hinziehen sollten. Dennoch war der Besuch Papst Eugens willkommener Anlass, ihn die neue Kirche 1148 weihen zu lassen und auch die Echtheit der Gebeine des Apostels zu bestätigen. Kreuzgang und Klausurgebäude wurden 1220–1253 neugebaut. Sollte sich über eine Führung die Möglichkeit zu einem Besuch des Kreuzgangs ergeben, so ist dort die für Deutschland seltene frühgotische Anlage und Bauskulptur zu bewundern. Die Bauformen des Kreuzgangs gehen denen der Liebfrauenkirche in Trier voraus.

In St. Matthias leben auch heute Benediktiner, die 1922 in das mit der Säkularisation 1802 aufgehobene Kloster kamen. Der Komplex ist ein bemerkenswertes Beispiel einer mittelalterlichen Klosteranlage. Der Westbau wirkt durch die barocken Überformungen ungewohnt: Bauforschungen haben ergeben, dass er zunächst als Doppelturmfassade vorgesehen war, dann kam es zu einem Planwechsel und der Mittelturm wurde errichtet. Betritt man das Innere der Kirche, so fällt der hohe lichte

Raum und die Länge des Kirchenschiffs ins Auge. Die dreischiffige romanische Pfeilerbasilika mit Querhaus, zwei Chorflankentürmen und Westbau mit Turm ist deutlich erkennbar, sie wurde im 15. und 16. Jahrhundert jedoch leicht verändert: Die Netzgewölbe wurden 1496–1504 von Meister Bernhard aus Trier eingezogen und Krypta und Chor etwas verlängert, so dass die Kirche heute eine Länge von 75 m hat. In den Seitenschiffen liegen unter dem barocken Stuck noch die romanischen Kreuzgratgewölbe. An den Pfeilern fällt beim zweiten Pfeilerpaar von Osten die abweichende, rund gebildete Vorlage auf: Die architektonische Hervorhebung zeigt an, wo ursprünglich die Tumba mit den Gebeinen von Matthias stand.

Sein Grab findet man heute in der Krypta. Der Sarkophag des Apostels ist über dem alten Kryptaeingang im Westen aufgestellt. Der Westteil der Krypta geht noch auf Erzbischof Egbert zurück. Die östliche gotisch wirkende Verlängerung der Unterkirche datiert in die Jahre 1512–1514. Drei Joche wurden 1850 verändert. Im mittleren Bereich sind die römischen Sarkophage der Bischöfe Eucharius und Valerius aufgestellt. Außerdem sind hier Spolien frühchristlicher Chorschranken angebracht, die vielleicht einem Vorgängerbau zugehörig waren.

Von der gotischen und der barocken Ausstattung ist wenig in der Kirche verblieben. Zwei schöne Beispiele Trierer Bildhauerkunst um 1480 sind eine Madonna und die Liegefigur des hl. Matthias vor der Vierung. An die Weihe der Kirche durch den Papst erinnert das Weihekreuz im südlichen Seitenschiff.

ST. MAXIMIN

Von den vier Benediktinerklöstern, die Trier im Mittelalter beherbergte, war St. Maximin das reichste. Es wird 853 erstmals erwähnt. Nach lokaler Tradition soll Bischof Agritius (312–332) eine erste Kirche in einer römischen Villa eingerichtet haben, in der Agritius' Nachfolger, der 352 verstorbene Maximin, beigesetzt wurde. In dem Gräberfeld unter St. Maximin waren zahlreiche frühe Trierer

Christen in Steinsarkophagen, darunter mehrere Trierer Bischöfe bestattet. Durch die Normannen, aber auch durch Brände und Kriege, erfuhr die Anlage mehrfach Zerstörungen. Daher wurde die Kirche 1680–1698 so gut wie komplett neugebaut.

Heute dient die Kirche als Turnhalle. Der 80 m lange Bau folgt dem Schema der querschifflosen Basilika mit drei Apsiden. Die Gewölbe, die im 17. Jahrhundert eingezogen wurden, sind retrospektiv: Gewölbe mit gekehlten Rippen und figürlichen Schlusssteinen, die in ihrem Programm auf die von der Abtei beanspruchte Reichsunmittelbarkeit Bezug nehmen: Christus, Päpste, Kaiser und Kaiserinnen.

In Trier dient die Rückführung der eigenen Bischöfe auf den ersten Papst, den hl. Petrus (+67) dazu, die Bedeutung des Bistums und die Rechtmäßigkeit besonderer Vorrechte herauszustellen. Auch die Reliquien der Apostel Andreas und Matthias tragen dazu bei, die apostolische Vergangenheit des Erzbischofssitzes aufzuzeigen.

INFO Der Komplex Dom-Liebfrauen besitzt kulturhistorisch Einmaligkeit und wurde daher 1986 in die Liste des UNESCO-Weltkulturerbes aufgenommen.

WEITERE SEHENSWÜRDIGKEITEN

Kaum in einer anderen deutschen Stadt stehen so viele antike Bauten noch aufrecht. Seit 1986 sind die römischen Denkmäler – Porta Nigra, Konstantinsbasilika, Kaiserthermen, Barbarathermen, Amphitheater, Römerbrücke, Igeler Säule – UNESCO-Weltkulturerbe.

Im Museum am Dom sind Pläne, Modelle und Grabungsfunde zum spätantiken Kirchenkomplex ausgestellt, auch die unter dem Dom gefundenen Wandmalereien aus dem Palast der Kaisermutter Helena. Ebenso wird hier das ausdrucksstarke karolingische Kreuzigungsfresko präsentiert, das aus der hinter dem Chor errichteten Außenkrypta von St. Maximin stammt.

AUSFLUGSTIPP Bernkastel-Kues

Dom-Information Trier
Liebfrauenstr. 12 / Ecke Domfreihof
54290 Trier
Tel. 0651/979079–0
info@dominformation.de

Museum am Dom
Bischof-Stein-Platz 1
54290 Trier
Tel. 0651–7105255
museum@bistum-trier.de

WORMS

Ähnlich wie in Trier und Köln oder auch in Mainz und Augsburg gab es sicher einen nahtlosen Übergang von der spätantiken Besiedelung der an wichtigen Verkehrsadern gelegenen Stadt zu der merowingisch-fränkischen bzw. mittelalterlichen. Worms war unter Augustus ein wichtiger Garnisonsort, seit Errichtung des Limes wuchs es sogar zu einer stattlichen zivilen Niederlassung an. Bereits im 4. Jahrhundert war Worms Bischofssitz. Früh wurde das Gebiet des heutigen Doms das Zentrum. Denn nach der Besetzung durch die Franken im Jahr 496 entstand in Worms-Neuhausen eine merowingische Königspfalz, die um 600 an die Stelle des römischen Forums bzw. jetzigen Doms verlegt wurde. Bis 790/91 war Worms die bevorzugte Residenz Karls des Großen. Da in der Folgezeit die salischen Gaugrafen (-> Eguisheim) zunehmend Einfluss gewannen, stärkten die Ottonen die weltlichen Befugnisse der Wormser Bischöfe. Bischof Burchard (1000–1025) ließ die Salierburg zerstören, einen neuen Dom errichten und jedem der vier Kollegiatsstifte (Dom, St. Martin, St. Andreas, St. Paul) einen Stadtbezirk zur Betreuung übergeben. In Worms wurde Papstgeschichte geschrieben: Während des Investiturstreits stand die Stadt im Fokus. Am 23. September 1122 schlossen Legaten im Auftrag von **Papst CALIXT II. (1119–1124)** mit Heinrich V. in Worms einen Vertrag, durch den der Investiturstreit im Reich beendet wurde (Wormser Konkordat). Die Stauferzeit war die Epoche der großen Neubauten von Dom und den drei Stiftskirchen. Wie sich am Verlauf der drei ehemaligen Stadtmauern ablesen lässt – der römischen, der ottonischen um etwa 1000, der spätmittelalterlichen von etwa 1370 –, lagen der Dom und die Stifte immer innerhalb der einstigen römischen Siedlung. Durch glückliche Umstände blieb der Dom während des Zweiten Weltkrieges mit Ausnahme der Dächer weitgehend unbeschädigt.

Worms, Dom,
Westchor

DOM ST. PETER

Fast wäre **Papst Hadrian III. (884–885)** in Worms bei einem Reichstag zugegen gewesen. Doch verstarb er auf der Reise und wurde in Nonantola begraben. Worms ist neben Konstanz (-> Konstanz) der einzige Ort in Deutschland, der eine Papstdestination für sich reklamieren kann. Bischof Bruno von Toul (-> Eguisheim) wurde hier zu **Papst LEO IX. (1049–1054)** bestimmt. Ein zweiter Bruno, Bruno von Kärnten, der Hofkaplan Ottos III., gehörte dem Wormser Domkapitel an, bevor er auf Vermittlung Ottos III. als **Papst GREGOR V. (996–999)** den Stuhl Petri bestieg. Selbst wenn der berühmte Humanist Enea Silvio Piccolomini, der apostolische Gesandte für Deutschland und spätere **Papst PIUS II. (1458–1464),** diese Pfründe nicht wahrnahm, war er 1456/57 Propst in Worms. Wie auch andere Kirchen mit einer besonderen (päpstlichen) Vergangenheit wurde der Wormser Dom 1925 von **Papst PIUS XI. (1922–1939)** zu einer Basilica minor erhoben, was besondere Rechte für den Propst bedeutet, aber auch die einmalige historische Stellung der Kirche für das Umland herausstellen soll. Kennzeichen dafür ist das Wappen des jeweils amtierenden Papstes, aber auch im Innern der gelb-rot gestreifte Padiglione. Außerdem verfügt der Wormser Dom über eine verkleinerte Kopie nach der Sitzfigur des hl. Petrus in Bronze im Petersdom: Diese Kopie ist im Wormser Dom rechts im Chorbereich nahe dem Schirm aufgestellt und erinnert an die Kopie in Eguisheim (-> Eguisheim).

Bei Grabungen wurden unter dem heutigen Dom die Reste einer römischen Basilika ergraben, die wohl Teil des Forums war. Darüber wurde der Grundriss eines frühmittelalterlichen Baus fassbar, der als Saalbau dem von St. Mang in Worms ähnelt. Dabei handelt es sich wohl um die um 612 errichtete Bischofskirche, die damit nach Trier (-> Trier) die älteste bischöfliche Kirche auf deutschem Boden ist. Nach lokaler Überlieferung sollen in sie im frühen 7. Jahrhundert (614?) Petrusreliquien gelangt sein, die **Papst GREGOR I. DER GROSSE (590–604)** vermittelt hatte. Die nächste große Etappe wird durch den Burcharddom aus dem

Worms, Dom, Südseite

frühen 11. Jahrhundert markiert. Während des Baus passierte ein Unglück: Gelegentlich eines Besuchs Heinrichs II. wurde die damals noch nicht vollendete Kirche eingeweiht; dann stürzte 1020 der Westchor ein, der aber sofort als Segmentbogen zwischen den beiden Chorflankentürmen wieder neu errichtet wurde. Der Verlauf dieser Apsis ist durch Bodenplatten im Westchor angedeutet. Am Außenbau des Domes kann man sich an der Sockelpartie im Osten, die in kleinsteinigem Mauerwerk errichtet ist, und an den Untergeschossen der Flankentürme einen Eindruck von dem Mauerwerk verschaffen, das die beiden Brunos bzw. späteren Päpste Gregor und Leo gesehen haben. Die Ausdehnung des Baus, die Doppelchörigkeit und die vier Türme werden von dem heutigen Dom gespiegelt. In staufischer Zeit wurde ab 1130 über den ottonischen Grundmauern ein stilistisch eindrucksvolles hochromanisches Bauwerk

Worms, Dom, Geschichtsfenster Papst Leo IX.

errichtet. Zunächst wurden Ostchor und Querhaus neu gebaut. Diese Teile dürften 1137 weitgehend fertiggestellt gewesen sein. Nach einer kurzen Unterbrechung wurde bis 1170 das Langhaus errichtet und schließlich 1170–1180 der Ostchor. 1181 konnte der neue Dom eingeweiht werden. Die stilistische Einheitlichkeit ist leicht gestört, da in den Jahren 1290–1320 an der Südseite des Langhauses Kapellen angebaut wurden und das romanische Portal durch ein frühgotisches Figurenportal ersetzt wurde. Der

Skulpturenschmuck des Südportals aus der Zeit um 1300 verweist auf Vorbilder am Straßburger Münster. Thema ist der Sieg des neuen Bundes über den alten. Die inneren Archivolten zeigen Begebenheiten des Alten Testaments, die äußeren des Neuen Testaments. Bekrönt wird das Portal von einer Frau auf einem Tetramorph: Dies ist eine völlig einmalige Darstellung der Ecclesia (Kirche), die auf einem Tier reitet, das sich aus den Symbolen der vier Evangelisten zusammensetzt. Ein Gang um den Dom und dabei ein Blick mit dem Fernglas auf die Bauskulptur an den Chören und Türmen lohnt und ist amüsant.

Große Teile der ehemaligen Innenausstattung gingen im Pfälzischen Erbfolgekrieg 1689 verloren. Auch die Bischofspfalz wurde damals zerstört. Daher wurde unter Fürstbischof Franz Ludwig von Pfalz-Neuburg (1696–1792) ein neuer Bischofshof, der Heylshof, errichtet und die Innenausstattung des Doms in barocken Formen wiederhergestellt.

Im Innern sind einzelne bemerkenswerte Bauskulpturen (zum Teil sind es Kopien) derzeit im nördlichen Seitenschiff aufgestellt, so die Baumeistersäule, die Löwen-Mensch-Gruppe oder die Bärengruppe – alle von der Ostfassade des Domes. Diese Skulpturen werden um 1150 datiert und lassen den Einfluss lombardischer Steinmetze erkennen. Das ehemalige Südportal blickt nach innen. In einer frühen Form des Recycling wurde das Tympanon von 1160/70 umgedreht und in das Portal eingesetzt, so dass nun im Innern Christus als Erlöser mit aufgeschlagenem Buch zu sehen ist. In sein Buch sind die Worte »Ich bin der Weg, die Wahrheit, das Leben« eingemeißelt. Zu Seiten Christi stehen Maria und Petrus. Im nördlichen Seitenschiff sind eindrucksvolle erzählende Reliefs mit Szenen aus der Heilsgeschichte aufgestellt, die aus dem ehemaligen Kreuzgang der Domherren stammen. Blickfang jedoch ist der barocke Hochaltar Balthasar Neumanns von 1738–1740, dessen Aufbau und Farbigkeit auf den Baldachin im Petersdom in Rom bezugnimmt, den Gian Lorenzo Bernini 1624–1633 über dem Grab des hl. Petrus errichtet hatte. Rechts in der Vierung vor dem Chor sind der Schirm und die Sitzfigur des hl. Petrus aufgestellt.

Worms, St. Martin, Treppe zum Martinskerker

Von hier führt eine Treppe in die Saliergruft hinunter, in der mehrere Vertreter der salischen Familie liegen. Eine Mittelstütze teilt den Raum in zwei Kompartimente. Im westlichen Teil befinden sich fünf Sarkophage, in deren nördlichstem die 998 verstorbene Judith und Schwester Kaiser Konrads liegt. Im östlichen Teil und hier im zweiten Sarg von Süden ruht Judith, die Gemahlin von Herzog Otto und die Großmutter von Konrad II. Sie verstarb 991 und war die Mutter Bruns von Kärnten, des späteren Papstes Gregor V. Die Tumben sind schlichte, sich zum Kopfende oftmals verjüngende Sarkophage aus Buntsandstein. In einzelne Sarkophagdeckel wurde ein schlichtes Kreuz gehauen.

Wieder im Kirchenschiff angelangt führt der Blick in den Westchor mit einem steinernen Synthronos. Es wäre denkbar, dass die Bischöfe und Kirchenvertreter, die 1049 Leo designierten, auf solch einem Synthronos in dem ottonischen, zwischen den Chorflankentürmen ausgespannten Westchor Platz nahmen.

Fünf der Glasfenster schuf der Glaskünstler Heinz Hindorf (1909–1990). 1990 entstand das sogenannte Geschichtsfenster in der Josephskapelle, in dem die Geschichte des Bistums Worms

Worms, St. Mang

vom ersten angenommenen Bischof Victor bis zur Zerstörung der Stadt im Zweiten Weltkrieg dargestellt wird. Als wichtige Figur ist auch Papst Leo IX. festgehalten.

Nördlich des Westchors lag die von den Bischöfen als Residenz genutzte ehemalige Pfalz, die in staufischer Zeit von der Kirche aus im westlichsten Joch des nördlichen Seitenschiffs über eine schmale rundbogige Tür zugänglich war. Darüber lag ein Raum, von dem aus die Herrscherinnen an der Messe teilhaben konnten.

Tafeln in der beim Heylshof gelegenen Parkanlage erläutern die einzelnen Standorte der Gebäude der Bischofspfalz. Sie diente vermutlich auch zur Beherbergung des Papstes.

Worms, Romanisches Haus

WEITERE SEHENSWÜRDIGKEITEN

Die Kirche St. Magnus, nur wenige Minuten zu Fuß vom Dom entfernt, vermittelt einen vorzüglichen Eindruck einer frühmittelalterlichen Kirche. Ergraben wurde ein steinerner Saalbau. Nach ersten Umbauten entstand eine Basilika mit kleinen unregelmäßigen Obergadenfenstern. Nach Einführung der Reformation in Worms wurde St. Magnus 1521 das erste protestantische Gotteshaus.

Fast ein Nachbar ist das Andreasstift, in dem das Stadtmuseum untergebracht ist. Der ehemalige Kreuzgang dient als Lapidarium. Die Türme stammen noch aus der Zeit der Gründung unter Bischof Burchard, während die Kirche in staufischer Zeit Veränderungen erfahren hat.

Wie stark das Petruspatrozinium auf die Geschichte Worms' wirkte, wird auch am südlichen Stadttor mit dem Stadtwappen mit Petri Schlüssel deutlich. Der

Worms, St. Paul

Schlüssel ist sowohl das Bistums- als auch das Stadtwappen. Dieses Wappenbild zeigen auch andere Orte mit frühen, dem hl. Petrus geweihten Kirchen, vor allem Regensburg und Eguisheim. Die Farbe Rot als Grundfarbe des Wappenschildes deutet auf den Status der freien Reichsstadt.

Von hier bietet sich ein Weiterweg Richtung Rhein an zu dem an der Stelle der ehemaligen Salierburg gelegenen Stift St. Paul. In der Salierburg lebte der Vater von Papst Gregor V., Herzog Otto von Kärnten. Auf dem Weg nach St. Paul fällt an der Ecke Petersstraße / Römerstraße in der Römerstraße 44 ein Steinhaus aus romanischer Zeit auf: das Haus zur Trommel. Nicht weit von hier sind bereits die an der Grabeskirche in Jerusalem orientierten Turmhelme von St. Paul zu erkennen, die nicht mit Ziegeln oder anderen Dachplatten eingedeckt sind, sondern in Stein als Kuppeln gemauert wurden. In den unteren Stockwerken dieser Türme hat sich die Anlage der Zeit Bischof Burchards erhalten. Durch einen Brand wurde in staufischer Zeit eine umfassende Erneuerung notwendig. Das Westwerk, das in der Mitte des 13. Jahrhunderts errichtet wurde, ist durch seine zwei Stockwerke und den achteckigen Tambour als eine Kopie der Grabeskirche in Jerusalem zu verstehen. Daher wurden im 13. Jahrhundert auch auf die Westtürme die steinernen Helme nach dem Vorbild der Grabeskirche aufgesetzt. Hintergrund für diese ungewöhnliche Architektur sind die Pilgerfahrten zum Heiligen Grab bzw. Kreuzzüge, zu denen die Päpste aufgerufen hatten. Wer das Kreuzzugsgelübde nicht erfüllen konnte, stiftete für den Kirchenbau und sorgte so für sein Seelenheil – vielleicht aber auch, wer glücklich von der langen Pilgerfahrt zurückgekehrt war, aus Dankbarkeit. Ähnliche Kirchtürme finden sich in den benachbarten Gemeinden Guntersblum, Alsheim und Dittelsheim, die nach dem Prototyp von St. Paul errichtet wurden.

Im Norden der Altstadt liegt die Stiftskirche St. Martin. Der Überlieferung nach soll hier der Kerker des hl. Martin gelegen haben, in dem Martin angekettet war. Auf dem Weg zum heutigen Eingang in die Kirche sieht man den großen Entlastungsbogen über dem Kellereingang. Erhalten hat sich mit der Schatulle

des hl. Martin im Stiftsmuseum Aschaffenburg (-> Aschaffenburg) jedenfalls eine bedeutende Martinsreliquie aus Worms. Sicher ist, dass St. Martin eine Station auf dem Weg von Tours nach Pannonhalma (Martinsberg) markiert, dass St. Martin zu den ältesten Martinspatrozinien in Deutschland gehört, und die ältesten erhaltenen Bauteile mit dem 11. Jahrhundert zu verbinden sind. In die Westfassade ist ein reich ornamentiertes Stufenportal integriert. Portal, Chor und obere Bauteile der Basilika sind mit dem 13. Jahrhundert zu verbinden. 1265 wurde der Martinsaltar durch den Wormser Bischof neu geweiht. Es wurden bedeutende Reliquien, darunter Papstreliquien von **Papst ALEXANDER I. (107–116?), Papst URBAN I. (222–230)** und **Papst SIXTUS I. (115–125)** eingelegt. Im Innern ist die sitzende Madonna in Sandstein aus der gleichen Zeit bemerkenswert.

TIPP Der Blick auf einen Stadtplan des historischen Worms verdeutlicht, dass die Kirchenpatrozinien Worms sozusagen zu einem zweiten Rom machten. Die Pfalzkapelle St. Stephan und die Kirche St. Johann sind nicht mehr erhalten. Innerhalb der frühmittelalterlichen Stadtmauern gab es auch eine Papst Silvester I. und eine Papst Sixtus I. geweihte Kirche.

INFO Johann von Bockenheim aus der Diözese Worms wurde am 1. Dezember 1417 von **Papst MARTIN V. (1417–1431)** in Konstanz als Koch eingestellt. Mit Martin zog er nach Rom und schied erst 1431 unter **Papst EUGEN IV. (1431–1447)** wieder aus dieser Position aus. Johann verfasste das Registrum Coquine, das für die kuriale Küche gedacht war und heute in der Nationalbibliothek in Paris liegt. Es enthält einfache Rezepte, z. B. zur Zubereitung von Fisch und Fleisch, die für jede Nation etwas anders aussahen. Nachlesen kann man diese Rezepte in den Monumenta Culinaria 3/2013 und vielleicht auch nachkochen!

ABBILDUNGSNACHWEIS

S. 9 Foto: R. Siede;
S. 10 Foto: Verfasserin;
S. 15 Ulrich Richental, Chronik des Konstanzer Konzils, Frühdruck von 1483, fol. 20r; Foto: Rosgartenmuseum Konstanz;
S. 16 Ulrich Richental, Chronik des Konstanzer Konzils, Frühdruck von 1483, fol. 60r; Foto: Rosgartenmuseum Konstanz;
S. 18 Hopfenhaus Hornburg © Thorsten Melnicky, Specialmoments Medienagentur, Zeegendorf;
S. 20 Foto: Anika Taiber-Groh, pde (Pressedienst der Diözese Eichstätt);
S. 22 Foto: Fotostudio Hesse Aschaffenburg (Museen der Stadt Aschaffenburg);
S. 23 Foto: Giorgio Sommer, aus dem Billingalbum, Reiss-Engelhorn-Museen Mannheim, Sammlung Historische Reisefotografie / Forum Internationale Photographie;
S. 25 Ulrich Richental, Chronik des Konstanzer Konzils, Frühdruck von 1483, fol. 60r; Foto: Rosgartenmuseum Konstanz;
S. 26 Reiss-Engelhorn-Museen Mannheim, Foto: Lina Kaluza;
S. 27 Foto: R. Siede;
S. 28 Foto: Wilkin Spitta, Regensburg;
S. 30 Corpus Vitrearum Deutschland/Freiburg i. Br. (R. Tonojan);
S. 34 Godehardschrein © Dommuseum Hildesheim, Foto: Ansgar Hoffmann;
S. 37 Bernhard Kpper, Fotolia;
S. 40 © Domarchiv Aachen, Foto: Ann Münchow;
S. 42 Foto: Verfasserin;
S. 45 Foto: www.bildarchiv-monheim.de<http://www.bildarchiv-monheim.de;
S. 46 Foto: www.bildarchiv-monheim.de<http://www.bildarchiv-monheim.de;
S. 49 visciontia, Fotolia;
S. 50 Foto: Verfasserin;
S. 53 Wolf-Christian von der Mülbe (†);
S. 57 Blickfang, Fotolia;
S. 60 Foto: Fotostudio Hesse Aschaffenburg (Museen der Stadt Aschaffenburg);
S. 63 Foto: Fotostudio Hesse Aschaffenburg (Museen der Stadt Aschaffenburg);
S. 64 pure-life-pictures, Fotolia;
S. 65 Foto: Verfasserin;
S. 68 Stiefi, Fotolia;
S. 72 Christoph Fiolka, Fotolia;
S. 74 Burgkmair, San Pietro aus dem Zyklus der Basilikabilder © bpk – Bayerische Staatsgemäldesammlungen;
S. 77 Foto: Verfasserin;
S. 78/79 Frank, Fotolia;
S. 82 Bamberg, Diözesanmuseum Bamberg;
S. 85 Bamberg, Diözesanmuseum Bamberg;
S. 86 Bayerisches Landesamt für Denkmalpflege, Foto: Eberhard Lantz 2013;
S. 87 Bayerisches Landesamt für Denkmalpflege, Foto: Eberhard Lantz 2013;
S. 88 Bamberg, Diözesanmuseum Bamberg;
S. 89 Foto: Verfasserin;
S. 90 Foto: Verfasserin;
S. 92 Foto: Verfasserin;
S. 95 Foto: Verfasserin;
S. 96 Foto: Verfasserin;
S. 97 Foto: Verfasserin;
S. 98 Foto: Verfasserin;
S. 99 Foto: Verfasserin;
S. 101 Foto: Verfasserin;
S. 105 Foto: Verfasserin;
S. 106 Foto: Verfasserin;
S. 108 Foto: Verfasserin;
S. 109 PackShot, Fotolia;
S. 110 Foto: Verfasserin;
S. 113 Hackemann, Fotolia;

S. 115 Merian d. Ä., M. – Vedute der Stadt Fulda, Kupferstich 11,3 cm x 32,5 cm, Vonderau Museum Fulda, Inv.Nr. II Ea 133;
S. 116 Andreas Snopkowski, Fotolia;
S. 118 Foto: Christian Tech, TKM Fulda;
S. 122 © Bildarchiv Foto Marburg;
S. 124/125 eyetronic – Fotolia;
S. 126 Foto links und rechts: Verfasserin;
S. 129 pigprox – Fotolia;
S. 132 Reiss-Engelhorn-Museen Mannheim, Foto: Lina Kaluza;
S. 133 Reiss-Engelhorn-Museen Mannheim, Foto: Lina Kaluza;
S. 135 Foto: Verfasserin;
S. 136 Foto: Verfasserin;
S. 137 Foto: Verfasserin;
S. 139 Foto: Verfasserin;
S. 141 Rafael Classen – www.rclassen.de, Fotolia;
S. 143 Köln, Dom, Chorschranken, Nordseite, mittlere Schranke (N II): Silvesterlegende, Gesamtansicht © Dombauarchiv Köln, Matz und Schenk;
S. 146 Köln, Dom, Petrusstab, Detailansicht: Aufsatz © Dombauarchiv Köln, Matz und Schenk;
S. 153 Arndt, Friedberg, Fotolia;
S. 156 © Konzilstadt Konstanz;
S. 157 Foto: Cornelia Rebholz;
S. 158 © Konzilstadt Konstanz;
S. 159 Foto: Cornelia Rebholz;
S. 160 Ulrich Richental, Chronik des Konstanzer Konzils, Frühdruck von 1483, fol. 60r; Foto: Rosgartenmuseum Konstanz;
S. 163 Foto: Verfasserin;
S. 164 © Evangelische Kirchengemeinde Lambrecht; Foto aus: Lambrecht – Prot. Kirche, Verlag Schnell & Steiner, München und Zürich 1986;
S. 166 Limburg, Diözesanmuseum, Fotograf: M. Benecke;
S. 168 Foto: Verfasserin;
S. 169 Foto: Verfasserin;
S. 170 Foto: Verfasserin;
S. 174/175 irish, Fotolia;
S. 179 Vlada Milosavljevic, Fotolia;
S. 180/181 pure-life-pictures, Fotolia;
S. 187 Mainz, Bischöfliches Dom- und Diözesanmuseum;
S. 192 Foto: Verfasserin;
S. 193 Foto: Verfasserin;
S. 194 Fortuna volubilis errat, Radierung, Kurpfälzisches Museum, S 6031 © Kurpfälzisches Museum der Stadt Heidelberg;
S. 195 Aus den Sammlungen der Reiss-Engelhorn-Museen, Foto: Stadtarchiv Mannheim-ISG;
S. 197 TTstudio, Fotolia;
S. 198 Mikhail Markovskiy, Fotolia;
S. 200 Corpus Vitrearum Deutschland/Freiburg i. Br. (R. Tonojan);
S. 205 Foto links und rechts © Bildarchiv Foto Marburg;
S. 207 fotobeam.de, Fotolia;
S. 208/209 fotobeam.de, Fotolia;
S. 212 Torsten Lorenz, Fotolia;
S. 215 Reichenau, Kirche St. Georg, Foto: Helmuth Scham;
S. 216 Reichenau, Münster St. Maria und Markus, Foto: Helmuth Scham;
S. 219 nmann77, Fotolia
S. 220 Foto: Verfasserin;
S. 222 © Foto: Friederike Walter, Domkapitel Speyer;
S. 225 pure-life-pictures, Fotolia;
S. 227 Rostislav Ageev, Fotolia;
S. 228 Domgrabung, Hohe Domkirche Trier, Foto: Rita Heyen;
S. 230 Museum am Dom, Trier, Foto: Rudolph Schneider, Dipl. Des., Trier
S. 231 Hohe Domkirche Trier, Foto: Rita Heyen;
S. 234 Foto: Verfasserin;
S. 239 bofotolux, Fotolia;
S. 241 © Kath. Pfarramt Dom St. Peter Worms, Foto: Norbert Rau;
S. 243 © Kath. Pfarramt Dom St. Peter Worms, Foto: Norbert Rau;
S. 244 © Kath. Pfarramt Dom St. Peter Worms, Foto: Norbert Rau;
S. 246 Foto: Verfasserin;
S. 247 Foto: Verfasserin;
S. 248 Foto: Verfasserin;
S. 249 Foto: Verfasserin.

BESONDERER DANK GEHT AN

Claudia Braun (Lektorat, Mannheim) und für Hinweise oder Unterstützung an: Carolin Gerber (Mannheim), Regina Hanemann (Bamberg), Stephanie Herrmann (Mannheim), Lina Kaluza (Mannheim), Holger Kempkens (Bamberg), Matthias Theodor Kloft (Limburg), Monika Lange (Mannheim), Tobias Mittag (Mannheim), Katharina Oldenhage (Heidelberg), Rosa M. Pittà (Konstanz), Cornelia Rebholz (Mannheim), Andrea Riesbeck (Trier), Tobias Schäfer (Worms), Christina Wawrzinek (Wilhelmshaven), Winfried Wilhelmy (Mainz), Elisa Ziegenbein (Mannheim).